CASOS PRÁTICOS
Solicitadoria
DIREITO E PROCESSO DO TRABALHO

CASOS PRÁTICOS
Solicitadoria
DIREITO E PROCESSO DO TRABALHO

2019

Coordenação:
Ana Lambelho
Jorge Barros Mendes
Luísa Andias Gonçalves

ALMEDINA

CASOS PRÁTICOS
SOLICITADORIA
DIREITO E PROCESSO DO TRABALHO

COORDENAÇÃO
Ana Lambelho
Jorge Barros Mendes
Luísa Andias Gonçalves

EDITOR
EDIÇÕES ALMEDINA, S.A.
Rua Fernandes Tomás, n.ºs 76-80
3000-167 Coimbra
Tel.: 239 851 904 · Fax: 239 851 901
www.almedina.net · editora@almedina.net

Design de colecção: FBA.
Capa: Edições Almedina

PRÉ-IMPRESSÃO
EDIÇÕES ALMEDINA, SA

IMPRESSÃO E ACABAMENTO
ACD Print, S.A.
Outubro, 2019
DEPÓSITO LEGAL
462255/19

ALMEDINA | GRUPOALMEDINA

BIBLIOTECA NACIONAL DE PORTUGAL – CATALOGAÇÃO NA PUBLICAÇÃO

CASOS PRÁTICOS DE SOLICITADORIA

Casos práticos de solicitadoria : direito e processo do trabalho / coord. Ana Lambelho, Jorge Barros Mendes, Luísa Andias Gonçalves. – (Casos práticos)
ISBN 978-972-40-8089-5

I – LAMBELHO, Ana
II – MENDES, Jorge Barros
III – GONÇALVES, Luísa Andias

CDU 349

ABREVIATURAS E SIGLAS

ACT – Autoridade para as Condições de Trabalho
Al. – alínea
Als. – alíneas
AR – Assembleia da República
Art. – artigo
Arts. – artigos
Cit. – citado(a)
CC – Código Civil
CCT – Convenção Coletiva de Trabalho
Cfr. – confrontar
CIRE – Código da Insolvência e da Recuperação de Empresas
CPC – Código de Processo Civil
CPT – Código de Processo do Trabalho
CRP – Constituição da República Portuguesa
CT – Código do Trabalho
I.e. – isto é
IRCT – instrumento de regulamentação coletiva de trabalho
MP – Ministério Público
N.º – número
N.os – números
P. – página
Pp. – páginas
Ss. – seguintes
V.g. – *verbi gratia*
Vol. – volume

Hierarquia de Normas | Fontes de Regulação | Concorrência de CCT

Ana e Berta são trabalhadoras da Sociedade X, S.A., que se dedica à transformação de pedras ornamentais, e que, por sua vez, é membro da Associação de Empregadores Z.

Em dezembro do ano passado, foi publicada uma convenção coletiva de trabalho celebrada entre a Associação de Empregadores Z e a Associação Sindical Y, nos termos da qual se previa que o trabalhador teria direito a um subsídio de natal de valor igual ao da sua retribuição base e que o período normal de trabalho semanal seria de 38h.

Na passada semana, foi publicada uma outra convenção coletiva de trabalho celebrada entre a Sociedade X, S.A., e a Associação Sindical Y, nos termos da qual se previa que o trabalhador teria direito a um subsídio de natal de valor igual ao da sua retribuição base e que o período normal de trabalho semanal seria de 39h.

a) Pronuncie-se sobre a validade das cláusulas da convenção coletiva de trabalho celebrada entre a Associação de Empregadores Z e a Associação Sindical Y.

b) Sabendo que Ana é filiada na Associação Sindical Y, diga qual a convenção coletiva de trabalho que rege a sua relação de trabalho com a Sociedade X, S.A..

*c) **Diga quais as parcelas retributivas que a Sociedade X, S.A., deve considerar para efeitos de cálculo do subsídio de natal de Berta e quantas horas por semana deve a trabalhadora prestar, sabendo que: Berta recebe, para além da retribuição base, diuturnidades; que não é filiada em nenhuma associação sindical; que nenhuma das convenções coletivas de trabalho em vigor na empresa foi objeto de portaria de extensão; que o contrato individual de trabalho de Berta é omisso quanto ao pagamento do subsídio de natal mas prevê um período normal de trabalho (PNT) semanal de 44h.***

ENQUADRAMENTO DA FACTUALIDADE

- **Identificação das figuras jurídicas em causa**

Os sujeitos da relação laboral
Estruturas de representação coletiva
As fontes do Direito do Trabalho
Os instrumentos de regulamentação coletiva de trabalho (IRCT), em especial a convenção coletiva de trabalho (CCT) e a portaria de extensão
A relação entre as fontes de regulação

Na situação prática que nos propomos analisar podemos identificar vários sujeitos da relação laboral, a saber: trabalhadores (Ana e Berta), empregador (Sociedade X, S.A.) e estruturas de representação coletiva (Associação de Empregadores Z e Associação Sindical Y).

O trabalhador é a pessoa singular que se obriga, mediante retribuição, a prestar o seu trabalho a outra(s) pessoa(s), no âmbito da organização e sob a autoridade desta(s) (art. 11.º do Código do Trabalho, de ora em diante designado por CT)[1]. Nas palavras de Jorge Leite, "...o *status* de trabalhador adquire-se com a celebração do contrato e perde-se com a extinção deste"[2].

[1] Para mais considerações sobre o conceito de trabalhador, *vide* Fernandes (2017, pp. 128-129), Leite (2004, pp. 88-89 e Xavier (2014, pp. 429-432).
[2] Leite (2004, p. 88).

Por sua vez, o empregador é a contraparte do trabalhador "que contrata pessoa singular para que esta, por sua conta, risco e direção, desempenhe determinada atividade, pagando-lhe, em contrapartida, uma retribuição"[3]. Tanto pode ser pessoa singular como pessoa coletiva. No caso, trata-se de uma pessoa coletiva. A posição de empregador pode também ser assumida por uma pluralidade de sujeitos (cfr. art. 101.º do CT), embora tal não se verifique neste caso prático.

A Lei prevê que trabalhadores e empregadores possam constituir estruturas de representação coletiva "[p]ara defesa e prossecução coletivas dos seus direitos e interesses" (art. 404.º do CT). As estruturas de representação coletiva dos trabalhadores são: a) as associações sindicais; b) as comissões e subcomissões de trabalhadores; c) os representantes dos trabalhadores para a segurança e saúde no trabalho; d) e outras previstas em legislação específica, designadamente os conselhos de empresa europeus (art. 404.º do CT). Como estruturas de representação coletiva dos empregadores temos as associações de empregadores, que são associações constituídas nos termos dos artigos 440.º a 456.º do CT, "para defesa e promoção dos seus interesses empresariais" (art. 440.º, n.º 2, do CT).

O caso prático remete-nos também para várias fontes do Direito do Trabalho. Para além das fontes comuns à generalidade dos ramos do Direito, "[o] contrato de trabalho está sujeito, em especial, aos instrumentos de regulamentação colectiva de trabalho, assim como aos usos laborais que não contrariem o princípio da boa fé" (art. 1.º do CT).

Os IRCT vêm elencados no art. 2.º do CT e podem ser de dois tipos: negociais ou não negociais[4] (art. 2.º, n.º 1, do CT).

De entre os IRCT negociais, assume especial relevância a convenção coletiva de trabalho (de ora em diante CCT), que conhece três modalidades, consoante os sujeitos que a negoceie: contrato coletivo, acordo coletivo ou acordo de empresa (art. 2.º, n.º 3, do CT). As convenções coletivas são acordos celebrados entre uma ou mais associações sindicais, por um lado, e uma ou mais associação de empregadores ou um ou mais empregadores, por outro, e que se destinam a regular as relações de trabalho de determinado setor de atividade, profissão ou categoria profissional. O direito à contratação coletiva está expressamente consagrado na Cons-

[3] Lambelho e Gonçalves (2017, p. 67).

[4] Criticando a terminologia legal adotada *vide* Ramalho (2012, pp. 183-184 [2]).

tituição da República Portuguesa como um direito, liberdade e garantia dos trabalhadores, que compete às associações sindicais exercer e à lei garantir (art. 56.º, n.º 3, da CRP).

Outro dos IRCT referidos no caso prático é a portaria de extensão, que é um IRCT não negocial (art. 2.º, n.º 4, do CT) emitido pelo ministro responsável pela área laboral e, havendo oposição à extensão por motivos de ordem económica, também pelo ministro responsável pelo setor de atividade (art. 516.º, do CT), que determina a aplicação, no todo ou em parte, de uma convenção coletiva de trabalho ou de uma decisão arbitral a empregadores e a trabalhadores integrados no âmbito do setor de atividade e profissional do instrumento objeto de extensão (art. 514.º, do CT)[5]. Através da portaria de extensão, trabalhadores e empregadores que não estavam originariamente abrangidos pelo âmbito de aplicação de uma convenção coletiva de trabalho (ou de uma decisão arbitral) podem passar a estar obrigados por aquele IRCT.

Concorrendo várias normas na regulação de uma concreta relação laboral, temos de nos socorrer das regras gerais de hierarquia de normas, que têm em conta o sujeito que as emite. No Direito do Trabalho temos ainda de atentar nas regras específicas estabelecidas pelo legislador quanto à concorrência de IRCT (arts. 481.º a 484.º, do CT) e quanto às relações entre as fontes de regulação (art. 3.º, do CT).

Quanto às regras de hierarquia entre IRCT podemos dizer, sumariamente, que: o IRCT vertical (de setor de atividade) afasta a aplicação de IRCT horizontal (de profissão) da mesma natureza (art. 481.º, do CT); dentro dos IRCT negociais, o acordo de empresa afasta a aplicação de acordo coletivo de trabalho e do contrato coletivo de trabalho e o acordo coletivo de trabalho afasta a aplicação do contrato coletivo (art. 482.º, n.º 1, do CT); nos demais casos de concorrência entre IRCT negociais, os trabalhadores da empresa escolhem o instrumento aplicável, nos termos do art. 482.º, n.º 2, do CT, ou, na ausência de escolha, aplicam-se as regras do n.º 3 do art. 482.º, do CT; havendo concorrência entre IRCT não negociais, a decisão de arbitragem obrigatória afasta a aplicação de qualquer outro IRCT não negocial e a portaria de extensão afasta a aplicação de portaria de condições de trabalho (art. 483.º, n.º 1, do CT); a entrada em

[5] A Resolução do Conselho de Ministros n.º 82/2017, de 9/6, define os critérios, procedimentos e indicadores a observar para a emissão de portarias de extensão de convenção coletiva.

vigor de um IRCT negocial afasta a aplicação, no respetivo âmbito, de anterior IRCT não negocial (art. 484.º, do CT)

O Código do Trabalho, enquanto Lei, é hierarquicamente superior aos IRCT. Porém, como já se deixou antever, o próprio legislador permite que as normas reguladoras do contrato de trabalho possam ser afastadas por IRCT[6], salvo quando delas resultar o contrário (art. 3.º, n.º 1, do CT). Os IRCT podem, pois, alterar as normas legais reguladoras do contrato de trabalho tanto em sentido mais favorável como em sentido menos favorável ao trabalhador, salvo quando dessas normas resultar o contrário, isto é, quando da tarefa interpretativa resultar que a norma que se quer alterar não admite qualquer alteração (norma imperativa absoluta) ou que só admite alteração em sentido mais favorável ao trabalhador (o que a doutrina costuma apelidar de normas imperativas relativas). Existe um conjunto de matérias – as elencadas no n.º 3 do art. 3.º[7] que os IRCT só podem afastar em sentido mais favorável ao trabalhador, exceto se forem normas imperativas absolutas (caso em que não admitem qualquer alteração). Nas demais matérias, o princípio é o de que as normas são convénio dispositivas[8], isto é, que, por IRCT, podem ser alteradas tanto em sentido mais favorável ao trabalhador como em sentido menos favorável (sempre com a salvaguarda de a norma determinar que não pode ser alterada ou que não o pode ser no sentido que se está a querer alterar). Refira-se, ainda, que o caráter imperativo absoluto ou imperativo relativo da norma pode resultar da própria disposição normativa que regula o aspeto a alterar (ex.: art. 238.º, n.º 1, do CT) ou de uma norma genérica que se lhe refira (ex.: o art. 3.º, n.º 3, ou o art. 339.º, do CT).

O legislador cuidou ainda de estabelecer regras quanto à relação entre as normas legais reguladoras do contrato de trabalho e o contrato individual de trabalho e quanto à relação entre os IRCT e o contrato individual de trabalho. No que tange às primeiras, determina o art. 3.º, n.º 4, que "[a]s normas legais reguladoras do contrato de trabalho só podem ser afastadas por contrato individual que estabeleça condições mais

[6] A possibilidade de afastamento das normas reguladoras do contrato de trabalho por IRCT está vedada à portaria de condições de trabalho (art. 3.º, n.º 2, do CT).

[7] A Lei n.º 93/2019, de 4 de setembro, alterou o art. 3.º, n.º 3, al. *f)*, aditando o pagamento de trabalho suplementar ao rol da matérias que o IRCT só pode alterar em sentido mais favorável ao trabalhador.

[8] Amado (2004, p. 115).

favoráveis para o trabalhador, se delas não resultar o contrário", ou seja, o contrato de trabalho pode alterar as normas laborais, *máxime* o CT, se a norma em causa permitir ser alterada (isto é, se não for imperativa absoluta) e se a alteração for em sentido mais favorável ao trabalhador. Já quanto ao afastamento de IRCT por contrato individual de trabalho, estabelece o art. 476.º, do CT o princípio do tratamento mais favorável: os IRCT só podem ser afastados por contrato de trabalho quando este estabeleça condições mais favoráveis para o trabalhador.

- **Identificação dos problemas jurídicos a resolver**

A hipótese prática suprarreferida coloca vários problemas jurídicos, a saber:

a) Em que medida as normas reguladoras do contrato de trabalho podem ser alteradas por IRCT;
b) Em que medida as normas reguladoras do contrato de trabalho podem ser alteradas por contrato individual de trabalho;
c) Em que medida o contrato individual de trabalho pode alterar o previsto em CCT;
d) Qual o âmbito de aplicação subjetivo de uma CCT.

PROPOSTA DE RESOLUÇÃO

a) No caso, a convenção coletiva de trabalho celebrada entre a Associação de Empregadores Z e a Associação Sindical Y denomina-se contrato coletivo de trabalho [art. 2.º, n.º 3, al. *a)*, do CT].

As cláusulas da convenção coletiva *sub judice* regulam o valor do subsídio de natal e a duração do período normal de trabalho semanal, respetivamente regulados nos arts. 263.º, n.º 1, e 203.º do CT.

No que tange ao pagamento do subsídio de natal, o previsto na CCT pode determinar que, no caso concreto, o trabalhador receba, a título de subsídio de natal, um valor inferior ao que receberia por aplicação do CT, dependendo dos componentes da sua retribuição. Expliquemos um pouco melhor. Sendo uma retribuição complementar, a doutrina e a jurisprudência têm considerado que o cálculo do subsídio de natal se efetua nos termos do art. 262.º, isto é, considerando os valores da retribuição base e das diuturnidades. Ora, nos casos em que o trabalhador receba estas duas componentes da retribuição, o previsto na CCT é-lhe menos favorável. Como *supra* se referiu, tal só é possível se o art. 263.º, n.º 1, do CT não se opuser a uma alteração em sentido menos favorável ao trabalhador. Ora, resulta claramente que o artigo 262.º, aplicável por força de se considerar o subsídio de natal uma prestação complementar, é uma norma supletiva, que permite à CCT alteração, sendo que essa alteração pode ser em sentido mais favorável ou em sentido menos favorável, por força do art. 3.º, n.º 1 do CT.

Quanto à duração do período normal de trabalho semanal, resulta do art. 203.º, n.os 1 e 4 do CT, que as quarenta horas semanais são um limite máximo. Pode, portanto, ser reduzido mas já não aumentado[9] por convenção coletiva (art. 3.º, n.º 1, do CT), pelo que a cláusula também é válida.

b) O âmbito de aplicação pessoal das convenções coletivas é determinado pelo chamado princípio da filiação, previsto no art. 496.º do CT, nos termos do qual, "[a] convenção colectiva obriga o empregador que a subscreve ou filiado em associação de empregadores celebrante, bem como os trabalhadores ao seu serviço que sejam membros de associação sindical celebrante". Ficam obrigados tanto os trabalhadores e empregadores que sejam filiados nas associações celebrantes no início do processo negocial como aqueles que nelas se filiem durante a vigência da mesma (art. 496.º, n.º 3, do CT) e a desfiliação de entidade celebrante não determina, por si

[9] Pode questionar-se se os limites máximos do período normal de trabalho podem ser reduzidos por contrato individual de trabalho, uma vez que o artigo 203.º, n.º 4, se refere expressamente à possibilidade de redução por irct e o artigo 3.º, n.º 5, determina que "sempre que uma norma legal reguladora de contrato de trabalho determine que a mesma pode ser afastada por instrumento de regulamentação coletiva de trabalho entende-se que o não pode ser por contrato de trabalho". Entendemos que também por acordo (inicial ou celebrado na pendência do contrato de trabalho) entre trabalhador e empregador se pode determinar um período semanal de trabalho inferior ao limite máximo legalmente admitido. A expressa previsão de, na pendência do contrato de trabalho, as partes poderem acordar a prestação de trabalho a tempo parcial é reflexo desta possibilidade. Cremos que o art. 204.º, n.º 4, do CT apenas pretendeu salvaguardar a não diminuição da retribuição em consequência da entrada em vigor de um IRCT que estabeleça um período normal de trabalho inferior ao que vigorava. Assim, se a redução do período normal de trabalho resultar de acordo entre trabalhador e empregador, nada obsta a que esse acordo determine também a diminuição proporcional da retribuição (cfr. art. 154.º, n.º 3, do CT).

só, a caducidade da aplicação da CCT àquela relação laboral (art. 496.º, n.º 4, do CT). Deste modo, para um trabalhador estar abrangido por uma CCT, não basta que seja filiado em associação sindical que a tenha outorgado; é também necessário que trabalhe em empresa que, direta ou indiretamente, tenha celebrado essa mesma convenção.

De acordo com os factos relatados no enunciado, à Sociedade X, S.A., aplicam-se duas convenções coletivas de trabalho: a celebrada entre a associação de empregadores de que faz parte (a Associação de Empregadores Z) e a Associação Sindical Y e a que outorgou com esta associação sindical. Sendo Ana trabalhadora da Sociedade X e filiada na associação sindical outorgante das convenções está abrangida pelo âmbito de aplicação pessoal de ambas as convenções coletivas de trabalho. Assim, nos termos do princípio da filiação (art. 496.º, n.º 1), a relação de trabalho entre Ana e a Sociedade X é, potencialmente, regida por ambas as convenções coletivas de trabalho.

Estamos, portanto, perante uma concorrência de IRCT negociais, mais concretamente, de duas convenções coletivas de trabalho: um contrato coletivo de trabalho e um acordo de empresa. Nestes casos, determina o art. 482.º, n.º 1, al. *a)* que o acordo de empresa afasta a aplicação do contrato coletivo de trabalho, pelo que é aquele que, na realidade, se aplicará à relação de trabalho em análise.

c) Não sendo Berta filiada em nenhuma associação sindical não está, em princípio, abrangida por nenhuma convenção coletiva de trabalho, pois estas só vinculam os trabalhadores filiados na associação sindical outorgante que trabalhem na empresa signatária da convenção ou em empresa filiada em associação de empregadores outorgante (art. 496.º do CT).

Segundo nos é referido no caso prático, não existe portaria de extensão de nenhuma das convenções aplicáveis à Sociedade X, pelo que a trabalhadora não poderia estar abrangida pela contratação coletiva por esta via.

Outra circunstância que poderia fazer com que Berta pudesse estar abrangida por uma convenção coletiva era a prevista no art. 497.º: como não está filiada em nenhuma associação sindical e à empresa é aplicável uma ou mais convenções coletivas (ou decisões arbitrais), a trabalhadora pode escolher qual daqueles instrumentos quer que que seja aplicado, desde que o mesmo se integre no âmbito do setor de atividade, profissional e geográfico do instrumento escolhido (o que parece ser o caso). Porém, também nada nos é dito no caso prático sobre a existência desta escolha, pelo que partiremos do princípio que não ocorreu.

À relação laboral entre Berta e a Sociedade X aplicam-se, pois, as normas laborais e o previsto no contrato individual de trabalho. Segundo nos é dito, este é "omisso quanto ao pagamento do subsídio de natal mas prevê um período normal de trabalho semanal de 44h".

Analisemos as questões do pagamento do subsídio de natal e da duração do período normal de trabalho (PNT) separadamente.

O contrato individual de trabalho poderia prever o pagamento do subsídio de natal em condições mais favoráveis para o trabalhador do que as estipuladas no CT (arts. 3.º, n.º 4, 262.º e 263.º do CT). Na ausência de cláusula contratual que verse sobre o pagamento do subsídio de natal, a Sociedade X, S.A., terá de pagar à trabalhadora nos termos dos arts. 262.º e 263.º do CT, isto é, o valor correspondente à retribuição base e às diuturnidades.

Quanto ao número de horas semanal a que a Berta está obrigada, aplicar-se-á o limite máximo previsto no Código do Trabalho, isto é, as 40h (art. 203.º do CT), a menos que se prove que outra duração (necessariamente inferior às 40h) do tempo de trabalho semanal foi acordada. De facto, sendo a cláusula do contrato de trabalho inválida por alterar para além do admitido a duração do trabalho semanal (art. 3.º, n.º 4, do CT), deve ser substituída pela norma legal violada, nos termos do artigo 121.º, n.º 2, do CT.

CONCLUSÕES:

Sistematizando e sumariando as respostas às questões colocadas nas várias alíneas do caso prático, podemos dizer que:

a) *Ambas as cláusulas da CCT são válidas, por força dos arts. 3.º, n.º 1, 203.º, 262.º e 263.º do CT.*

b) *A relação laboral entre a Sociedade X, S.A, e Ana é regulada pelo acordo de empresa [art. 482.º, n.º 1, al. a), do CT].*

c) *O valor do subsídio de natal a receber por Berta é determinado nos termos dos artigos 262.º e 263.º do CT e o seu PNT semanal é de 40h, por inva-*

lidade da cláusula do contrato individual de trabalho que estabelecia um PNT semanal de 44h.

ANA LAMBELHO
Prof.ª Adjunta da ESTG – Instituto Politécnico de Leiria

BIBLIOGRAFIA

AMADO, João Leal (2004), «Tratamento mais favorável e art. 4.º, n.º 1, do Código do Trabalho português: o fim de um princípio?», In: AAVV. A reforma do Código do Trabalho. Coimbra: Coimbra Editora, pp. 111-121.

FERNANDES, António Monteiro (2017). *Direito do Trabalho.* 18.ª edição. Coimbra: Almedina.

FERNANDES, Francisco Liberal (2018). O trabalho e o tempo: comentário ao Código do Trabalho. Biblioteca RED, disponível em https://www.cije.up.pt/download-file/2099

LAMBELHO, Ana *e* GONÇALVES, Luísa Andias (2017). *Direito do Trabalho. Da Teoria à Prática.* Lisboa: Rei dos Livros.

LEITE, Jorge (2004). *Direito do Trabalho.* Volume I. Coimbra: Serviços de Acção Social da U.C.. Serviço de Textos.

LEITE, Jorge (2004). *Direito do Trabalho.* Volume II. Coimbra: Serviços de Acção Social da U.C.. Serviço de Textos.

RAMALHO, Maria do Rosário Palma (2015). *Tratado de Direito do Trabalho. Parte III – Situações Laborais Colectivas*, Coimbra: Almedina.

XAVIER, Bernardo da Gama Lobo (2014). *Manual de Direito do Trabalho.* 2.ª edição. Lisboa: Verbo.

Período Experimental | Formação Profissional

Após vários contactos, no final do mês de janeiro de 2020, é ajustado entre António, piloto de aviões de combate a incêndios, e a Voadora, Lda, que explora comercialmente essa atividade, que, no futuro, se vinculariam reciprocamente através de um contrato de trabalho de duração indeterminada, pelo que, com vista a viabilizar tal contrato futuro, logo a 9 de fevereiro, António logra revogar por acordo, com efeitos imediatos, o contrato de trabalho que mantinha com uma outra empresa do ramo.

Entusiasmado com as novas perspetivas de futuro, a fim de aumentar as suas qualificações, António propõe-se de imediato frequentar um curso de formação profissional no Brasil, informando disso a Voadora, Lda, que incentiva tal intento, assumindo ela, espontaneamente, a responsabilidade pelo pagamento do custo dessa formação e das respetivas despesas de transporte e alojamento. A formação decorre de 15 de fevereiro a 15 de março seguintes.

Regressado a Portugal, a 30 de março de 2020, António subscreve, em conjunto com a Voadora, Lda, documento escrito contendo o previsto contrato de trabalho, do qual consta designadamente que estará sujeito a um período experimental de 180 dias e que o mesmo produzirá efeitos a 16 de abril seguinte.

Inicia funções na data combinada de 16 de abril, e a entidade empregadora determina que António realize uma formação profissional adicional, de 2 de maio a 31 de agosto, após o que volta a prestar a atividade contratada.

De 10 a 30 de setembro, António é acometido de doença que o impede de trabalhar.

Retoma as suas funções a 1 de outubro, e a partir de 15 desse mês goza férias até ao dia 30, após o que volta a desempenhar as suas funções.

Porém, a 27 de novembro de 2020, a empresa comunica a António, através de documento escrito entregue em mão, a cessação imediata do contrato ao abrigo do regime do período experimental aplicável ao caso, de 180 dias, porquanto, segundo reza o documento, António «não demonstrara as características profissionais que a empresa entendia necessárias».

António não se conforma, e recorre a tribunal, porquanto entende que, à data da comunicação pela entidade empregadora, o período experimental há muito se encontrava transcorrido, e que consequentemente essa cessação valia como despedimento ilícito.

Diga se lhe parecem procedentes as pretensões de António, justificando.

ENQUADRAMENTO DA FACTUALIDADE

Identificação dos problemas jurídicos a resolver

Na factualidade descrita, podemos identificar designadamente o instituto laboral do período experimental, e, associado a este, entre outros, a aplicação dos critérios legais da sua contagem, incluindo a relevância ou não dos períodos decorridos com ações de formação frequentadas pelo trabalhador.

CARATERIZAÇÃO DO PERÍODO EXPERIMENTAL

O período experimental, não sendo de existência indefetível no contrato de trabalho, surge associado à sua constituição e eficácia, ainda que a sua importância prática se revele sobretudo enquanto via para a cessação unilateral dessa relação, mesmo, e sobretudo, quando essa cessação ocorrer por iniciativa do empregador.

Ou seja, também este instituto jurídico-laboral tem como referência o princípio da estabilidade ou da segurança no emprego, previsto no art. 53.º da Constituição da República Portuguesa, na medida em que constitui um desvio, ou, pelo menos, atenuação, desse princípio basilar. Trata-se de um período em que é livre a denúncia do contrato de trabalho já em execução, em que a segurança no trabalho e as limitações ao despedimento parecem não existir, ou só existir de forma muito ténue – art. 114.º do CT *(Denúncia do contrato durante o período experimental), «1 – Durante o período experimental, salvo acordo escrito em contrário, qualquer das partes pode denunciar o contrato sem aviso prévio e invocação de justa causa, nem direito a indemnização. (...)»*.

Para Jorge Leite[10], *«consiste numa figura cautelar, numa medida de precaução ou de prudência»*, permitindo certificar *a posteriori* o que não é possível certificar *a priori*, de forma recíproca, pois permite ao empregador certificar-se de que o trabalhador possui as aptidões laborais necessárias ou convenientes, ao mesmo tempo que permite ao trabalhador certificar-se de que as condições de realização da sua prestação laboral são as necessárias ou convenientes.

Para Pedro Furtado Martins[11], *«[n]o fundo, o período experimental tem a mesma função que noutros ordenamentos é associada à exigência de uma antiguidade mínima para a aplicação das regras limitativas dos despedimentos. Enquanto não estiver esgotado o período experimental, o trabalhador não beneficia de nenhuma estabilidade ou segurança no emprego»*.

Segundo João Leal Amado[12], o *«período experimental traduz-se, pois, numa espécie de válvula de escape de um sistema que tutela a estabilidade no emprego e restringe os despedimentos, servindo basicamente para que o empregador aprecie o desempenho profissional e avalie as capacidades laborais do trabalhador recém-contratado. Por isso e para isso a lei concede ao empregador a faculdade de denunciar o contrato, dispensando-o de invocar justa causa para romper o vínculo»*. Por outras palavras, escreve ainda o Autor, *«o período experimental consiste no inevitável preço a pagar por um sistema jurídico, como é o nosso, que tutela a segurança no emprego e que não concede foros de cidadania ao despedimento ad nutum»*.

[10] Leite (1999, p. 75).
[11] Martins (2017, p. 576, nota 4).
[12] Amado (2018, p. 158).

O «*período experimental*», ou «*período de experiência*», «*período probatório*» ou «*período de prova*», como também pode ser designado, e conforme resulta da sua expressão literal, destina-se às partes (empregador e trabalhador) poderem «experimentar», «pôr à prova», a sua relação jurídico-laboral, recentemente iniciada por ambos, extraindo daí as consequências inerentes: manutenção ou cessação do vínculo.

Nos termos do art. 111.º do CT (*Noção de período experimental*) «*1 – O período experimental corresponde ao tempo inicial de execução do contrato de trabalho, durante o qual as partes apreciam o interesse na sua manutenção. 2 – No decurso do período experimental, as partes devem agir de modo que possam apreciar o interesse na manutenção do contrato de trabalho. 3. (...)*».

Existindo[13], o início do período experimental coincide sempre com o início da eficácia do contrato de trabalho, não constituindo assim uma situação prévia ao contrato de trabalho, nem podendo ser iniciado já depois de o contrato ter passado a ser eficaz, mas antes integrando o próprio contrato e desde o seu início; já o termo do período experimental ocorrerá, mais cedo ou mais tarde, conforme as circunstâncias do contrato, que veremos.

Apesar de nem sempre ter sido assim[14], este período tem, hoje, natureza bilateral, é estabelecido em favor de empregador e trabalhador, sem prejuízo de dever dizer-se que «*o período experimental tem um interesse acrescido para o empregador, uma vez que, decorrido este período, o empregador está mais limitado quanto à possibilidade de fazer cessar o contrato de trabalho do que o trabalhador*»[15]. Para o empregador, é um período de reforçados poderes patronais; para o trabalhador, é um período de exacerbada fragilidade – neste caso, se o empregador gostar, *ele fica* e o contrato continua; se o empregador não gostar, *ele vai* e o contrato cessa, dir-se-ia, sem mais...[16]

Este período inicial, e *sui generis*, da vida da relação laboral, é frequentemente associado às caraterísticas jurídicas próprias do contrato de trabalho, a saber, tratar-se de um **contrato *intuitus personae***, com elementos de pessoalidade, no qual as características profissionais do tra-

[13] Pois pode não existir, como veremos adiante.

[14] Amado (2015, p. 156, nota 149). A Lei n.º 1952, de 10 de março de 1937, previa o período experimental em termos de funcionar em exclusivo benefício da entidade patronal.

[15] Ramalho (2016, p. 194). João Leal Amado (2015, p. 156) adjetiva de «caráter formalmente *bilateral* da experiência».

[16] Em certas situações, pode, contudo, estar sujeito a pré-aviso – abordaremos adiante.

balhador são ou podem ser tidas em consideração, além de ser um **contrato de execução sucessiva**, em que o cumprimento da obrigação do trabalhador se traduz na prática de atos sucessivos escalonados ao longo do tempo, tudo evidenciando que as características das partes são determinantes para a sua perduração ou não[17].

De notar que, não obstante a doutrina e a jurisprudência admitam que, pelo menos em situações excecionais, o exercício desse poder pelo empregador possa ser sindicado pela via do abuso do direito, certo é que o ónus da prova desse abuso sempre incumbirá ao trabalhador, sendo de realização muito difícil[18]-[19], tanto mais que, segundo João Leal Amado[20], vigorará nesta matéria um «*direito ao silêncio*» em benefício do empregador, que «*transforma a prova da discriminação numa tarefa quase impossível*»[21].

Relativamente ao exercício do direito de denúncia ao abrigo do período experimental, na falta de norma especial ou excecional, vigora o regime regra da liberdade de forma (ainda que se recomende a via escrita, por razões de facilidade de prova), bastando portanto que a comunicação se faça, por qualquer meio, dentro do prazo aplicável, correndo o risco pelo eventual atraso na comunicação por conta do denunciante.

Nas hipóteses em que o período experimental exceda os 60 dias, e a partir da duração já transcorrida de 60 dias, dir-se-á que o trabalhador tem uma maior expetativa de consolidação da estabilidade contratual, razão pela qual, nos termos do art. 114.º do CT, a denúncia do contrato, sendo da iniciativa do empregador, passa legalmente a demandar aviso prévio, cuja duração é de sete dias, que é majorada para 15 dias, quando

[17] «*Na verdade, só com a execução do trabalho, as partes podem aferir com alguma segurança e sensatez no interesse que nutrem em manter um negócio que se vai manter ao longo do tempo. O empregador só pode avaliar as qualidades e as aptidões do trabalhador para as respetivas funções quando este der início e execução às mesmas e o trabalhador, por sua vez, só com a sua integração no meio organizacional e funções do empregador, pode confirmar o seu interesse na manutenção do vínculo laboral*» – Acórdão do TRP, de 05 de março de 2012, Processo n.º 1114/09.7TTPRT.P1, disponível in www.dgsi.pt.

[18] Por exemplo, nos casos em que a denúncia é motivada por razões políticas ou ideológicas – *vide* Martins (2017, p. 576).

[19] Martins (2017, p. 577, nota 9).

[20] Amado (2018, p. 158, nota 152).

[21] Acerca do abuso de direito na invocação do período experimental, vejam-se designadamente os acórdãos do STJ, de 02 de fevereiro de 2005, Processo n.º 606/04, e de 22 de setembro de 2015, Processo n.º 498/12.4TTVCT.G1.S1, o acórdão do TRC, de 07 de abril de 2016, Processo n.º 639/14.T8LRA.C1, o acórdão do TRP, de 05 de março de 2012, Processo n.º 1114/09.7TTPRT.P1, todos disponíveis em www.dgsi.pt.

o período experimental tiver durado mais de 120 dias – *vide* art. 114.º, n.ºs 2 e 3, do CT.

Porém, a eventual inobservância deste pré-aviso legal exigido quando a duração efetiva do período experimental excede os 60 dias, não obstante, não afeta a validade ou eficácia da respetiva denúncia, que, portanto, mesmo nestes casos, não depende essencialmente do pré-aviso, determinando antes, a sua inobservância, unicamente efeitos sancionatórios, de cariz indemnizatório, tipificados na lei e em favor do trabalhador: «*o não cumprimento, total ou parcial, do período de aviso prévio previsto nos n.ºs 2 e 3 determina o pagamento da retribuição correspondente ao aviso prévio em falta*» (art. 114.º, n.º 4, do CT).

Em termos práticos, significa isto que a experimentação da relação jurídico laboral, durante o período probatório, caso não satisfaça, ao trabalhador ou ao empregador, pode conduzir à sua cessação, por declaração unilateral do interessado à contraparte, não formal, podendo, quando muito, ficar sujeita a um aviso prévio definido na lei, que, ainda assim, pode ser suprido pelo pagamento de uma indemnização ou compensação correspondente à retribuição do período em falta, o que redunda na possibilidade de a cessação poder, sempre, produzir efeitos, em termos imediatos.

Relativamente à duração do período experimental, esta varia conforme as caraterísticas do contrato de trabalho em apreciação, sendo maior nos contratos de duração indeterminada do que nos contratos a termo, e, dentro dos primeiros, variando a duração conforme o tipo de trabalhador ou funções desempenhadas por este. Assim[22], «*1 – No contrato de trabalho por tempo indeterminado, o período experimental tem a seguinte duração: a) 90 dias para a generalidade dos trabalhadores; b) 180 dias para trabalhadores que: i) Exerçam cargos de complexidade técnica, elevado grau de responsabilidade ou que pressuponham uma especial qualificação; ii) Desempenhem funções de confiança;*

[22] Pelo menos, para os contratos de trabalho celebrados após a entrada em vigor da Lei n.º 93/2019, de 04 de setembro, que designadamente aprovou a 15.ª alteração ao Código do Trabalho, incluindo a nova redação do n.º 1, al. b), e do n.º 4, ambos do artigo 112.º do CT. Estabelece o artigo 11.º desta lei, em matéria de aplicação no tempo, que o regime do Código do Trabalho resultante da nova redação é ainda aplicável «*aos contratos de trabalho celebrados antes da entrada em vigor da referida lei, salvo quanto a condições de validade e a efeitos de factos ou situações anteriores àquele momento*». A entrada em vigor desta lei ocorre «no primeiro dia útil do mês seguinte ao da sua publicação (cfr. art. 13.º, n.º 1), ou seja, às 00H00 do dia 01 de outubro de 2019.

iii) Estejam à procura de primeiro emprego e desempregados de longa duração; c) 240 dias para trabalhador que exerça cargo de direcção ou quadro superior. 2 – No contrato de trabalho a termo, o período experimental tem a seguinte duração: a) 30 dias em caso de contrato com duração igual ou superior a seis meses; b) 15 dias em caso de contrato a termo certo com duração inferior a seis meses ou de contrato a termo incerto cuja duração previsível não ultrapasse aquele limite»[23].

Convém realçar que as medidas abstratas máximas de duração do período experimental legalmente previstas, em concreto, podem ser eliminadas ou reduzidas, por acordo escrito entre trabalhador ou empregador, além de poderem ser reduzidas por instrumento de regulamentação coletiva de trabalho – vide arts. 112.º, n.º 5, e 111.º, n.º 3, do CT. Já a hipótese de ampliação do prazo, por qualquer das duas vias, não é admitida legalmente, por evidentemente redundar no agravamento das precárias condições do trabalhador, em intolerável desvio ao dito princípio da segurança no trabalho.

Pode assim afirmar-se que normalmente o período experimental tem a natureza de *elemento natural* do contrato de trabalho, na medida em que surge automaticamente com a celebração e eficácia do contrato de tra-

[23] A nova redação introduzida pela lei que opera a 15.ª alteração ao Código do Trabalho, no domínio do período experimental e dos contratos de duração indeterminada, quanto ao regime aplicável, transferiu os trabalhadores «*à procura de primeiro emprego e desempregados de longa duração*» (cujos conceitos não foram especificamente determinados pelo legislador e anteriormente não tinham previsão especial em matéria de duração do período experimental) do regime constante da norma genérica do n.º 1, al. a), para a norma especial do *n.º 2, al. b-iii,* agora submetido a um prazo que é o dobro do anteriormente aplicável à mesma situação, ou seja, passando a ser de 180 dias, em vez dos 90 anteriormente aplicáveis. Ao mesmo tempo, a nova redação do Código do Trabalho deixou de prever a «*contratação de trabalhador à procura de primeiro emprego, em situação de desemprego de longa duração ou noutra prevista em legislação especial de política de emprego*» como fundamento específico de admissibilidade de contratação a termo (art. 140.º, n.º 4, al. b)), passando agora unicamente a prever, a esse título, a «*contratação de trabalhador em situação de desemprego de muito longa duração*», cujo conceito não foi determinado legalmente, apesar de o Acordo de Concertação Social, de 18.06.2018, referir tratar-se de «desempregados há mais de dois anos» – *in* https://www.portugal.gov.pt/download-ficheiros/ficheiro.aspx?v=1f814583-a74b-4c99-b741-d8d955199d69
A conformidade constitucional desta ampliação do período experimental de 90 para 180 dias, ainda que restrita aos trabalhadores «*à procura de primeiro emprego e desempregados de longa duração*», é muito polémica, quer na doutrina quer politicamente, sendo por isso de admitir, e até provável, que venha a ser sujeita a fiscalização sucessiva, desde logo, por eventual violação do princípio da segurança no trabalho.

balho, não precisando ser pactuado; já para a sua exclusão, ou a mera redução da sua duração, é exigido o acordo escrito das partes.

Porém, em desvio ao que acabamos de escrever, no caso excecional da comissão de serviço, por razões que têm a ver com a natureza essencialmente precária do vínculo respetivo, o período experimental constituirá *elemento acidental*, só existindo, aí, período experimental, se tiver sido pactuado e de forma expressa, ainda que com um limite máximo mais curto do que nos contratos de duração indeterminada – vide art. 112.º, n.º 3, do CT – *«No contrato em comissão de serviço, a existência de período experimental depende de estipulação expressa no acordo, não podendo exceder 180 dias. (...)»*

Ainda acerca da existência e contagem do período experimental, chama-se a atenção para o n.º 4 do art. 112.º, que pode conduzir à redução ou mesmo à retirada do período experimental, com fundamento em relacionamentos laborais, ou situações equiparadas, pré-existentes entre as partes e com mais ou menos idêntico objeto. Assim, *«[o] período experimental, de acordo com qualquer dos números anteriores, é reduzido ou excluído, consoante a duração de anterior contrato a termo para a mesma atividade, de contrato de trabalho temporário executado no mesmo posto de trabalho, de contrato de prestação de serviços para o mesmo objeto, ou ainda de estágio profissional para a mesma atividade, tenha sido inferior ou igual ou superior à duração daquele, desde que em qualquer dos casos sejam celebrados pelo mesmo empregador».*[24]

[24] A nova redação do n.º 4 do artigo 112.º do CT, introduzida pela referida lei que operou a 15.ª alteração ao Código do Trabalho, veio, no domínio do período experimental, acrescentar «o estágio profissional para a mesma atividade» às demais situações já anteriormente previstas (*«duração de anterior contrato a termo para a mesma atividade, de contrato de trabalho temporário executado no mesmo posto de trabalho, de contrato de prestação de serviços para o mesmo objeto»*), de modo que *«[o] período experimental, de acordo com qualquer dos números anteriores, é reduzido ou excluído, consoante a duração»* dessas situações pré-existentes, *«tenha sido inferior ou igual ou superior à duração daquele, desde que em qualquer dos casos sejam celebrados pelo mesmo empregador»*. A este propósito, o referido Acordo de Concertação Social, de 18.06.2018, refere tratar-se de «[c]larificar na lei que conta para efeitos de período experimental o período de estágio profissional anterior à celebração do contrato, bem como as outras relações de trabalho já prevista na lei» – *in* https://www.portugal.gov.pt/download-ficheiros/ficheiro.aspx?v=1f814583-a74b-4c99-b741-d8d955199d69.
Na situação prática apresentada, não há notícia de qualquer situação anterior a considerar – *«a duração de anterior contrato a termo para a mesma atividade, de contrato de trabalho temporário executado no mesmo posto de trabalho, de contrato de prestação de serviços para o mesmo objeto, ou*

O art. 112.º do CT termina com um número 6 que estabelece que «a *antiguidade do trabalhador conta-se desde o início do período experimental.*», em sintonia com a linha de raciocínio que indica que o período experimental já integra o contrato de trabalho válido e eficaz, ainda que numa fase de enorme fragilidade, como vimos.

ANÁLISE DO CASO

No caso exposto, o período experimental foi estipulado pelas partes, através de pertinente cláusula, por escrito, com uma duração de 180 dias, que, aliás, já decorreria do enquadramento legal supletivo do caso – trata-se de contrato de trabalho de duração indeterminada e de trabalhador que exerce «*cargos de complexidade técnica, elevado grau de responsabilidade ou que pressuponham uma especial qualificação*», prevista no art. 112.º, n.º 1, al. b)-i, do CT, logo sujeito a período máximo de 180 dias (só assim não seria no caso de redução, contida em instrumento de regulamentação coletiva ou acordo escrito entre as partes (n.º 5), ou caso tivesse sido eliminado por idêntico acordo escrito das partes – art. 111.º, n.º 3, do CT).

Quando se inicia esse período experimental?

Não obstante as negociações travadas em janeiro e o acordo a que chegam nessa altura, mas que não constitui contrato de trabalho[25], este só vem a ser celebrado a 30 de março de 2020, sob a forma escrita, porém, ainda subordinado a um termo suspensivo[26], diferindo o início da produção de efeitos para a data de 16 de abril de 2020, altura em que inicia as suas funções, *dando início à execução do contrato.*

Portanto, será esta (16 de abril) a data de início da contagem do período experimental, com a duração já indicada de 180 dias – art. 111.º, n.º 1, do CT.

Na contagem do período experimental são excluídos «*os dias de falta, ainda que justificada, de licença, de dispensa ou de suspensão do contrato*» – art.

ainda de estágio profissional para a mesma atividade», que, ademais, só seriam relevantes se tivessem sido «celebrados pelo mesmo empregador».

[25] Tal acordo poderá consubstanciar uma «promessa de contrato de trabalho (vejam-se os arts. 11.º e 103.º do CT), mas para cuja validade a lei exige a redução a escrito, que no caso não se verificou.

[26] Ver art. 135.º do CT.

113.º, n.º 2, do CT. E compreende «*ação de formação determinada pelo empregador, na parte em que não exceda metade da duração*» do período experimental, metade essa que, no nosso caso, corresponde a 90 dias (n.º 2).

Iniciado o período experimental a 16 de abril, sabemos que, por determinação patronal, o trabalhador frequenta ação de formação, de 2 de maio a 31 de agosto, com a duração de 122 dias. Ora, destes 122 dias, somente 90 podem ser contabilizados como período experimental, que acrescem aos 15 dias de abril e ao dia 1 de maio, no total de 16 dias, perfazendo assim legalmente, em 31 de agosto, 106 dias (=15+1+90) – art. 113.º, n.º 1, do CT.

Importará evidenciar que, relativamente ao outro curso de formação profissional, realizado no Brasil previamente, de 15 de fevereiro a 15 de março, que o trabalhador resolveu realizar, e não obstante o empregador o tenha incentivado, e assumido, espontaneamente, a responsabilidade pelo pagamento do custo dessa formação e das respetivas despesas de transporte e alojamento, não deve ser contabilizado para efeitos de período experimental, desde logo, porque não se pode afirmar que essa formação tenha sido *determinada pelo empregador* conforme exige a segunda parte do n.º 2 do art. 113.º (ao invés, sabemos que foi o interessado pelo trabalho que resolveu potenciar as suas qualificações com essa formação), além de que, à data, não havia ainda qualquer contrato de trabalho entre António e Voadora, Lda., havendo, quando muito, um contrato de promessa de trabalho, aliás, inválido, por vício de forma, e que, mesmo quando válido, só tem tutela indemnizatória[27]-[28].

Os 9 primeiros dias de setembro são contados como período experimental, por inexistência de norma que estabeleça diferente regime, que assim perfaz 115 dias.

De 10 a 30 de setembro, António é acometido de doença que o impede de trabalhar, período esse que não será contabilizado como perío-

[27] *Vide* art. 103.º do CT.

[28] Pedro Furtado Martins (2017, p. 590) alerta para «*o facto de na formação profissional que antecede o contrato de trabalho não se verificar a razão que justifica a equiparação à execução da prestação de trabalho das ações de formação desenvolvidas na constância do vínculo laboral*», acrescentando, «*por outras palavras, dir-se-á que a formação realizada antes da constituição da relação laboral não se enquadra na execução do contrato de trabalho e, por esse motivo, não se justifica a equiparação que a lei estabelece, ainda que só para efeitos de contagem do período experimental, à execução da prestação do trabalhador devida por força do contrato de trabalho*».

do experimental, por se tratar de período de falta, apesar de justificada, ou eventualmente de suspensão do contrato por impedimento do trabalhador[29].

Retoma as suas funções a 1 de outubro, e a 15 desse mês goza férias até ao dia 30, após o que retorna ao exercício das suas funções. O período de outubro conta, todo ele, como período experimental, pois o período de férias não foi excluído pelo legislador, contrariamente ao que aconteceu com outras situações – vide art. 113.º, n.º 2, do CT[30].

E a 27 de novembro de 2020, a empresa comunica a António, através de documento escrito entregue em mão, a cessação imediata do contrato ao abrigo do regime do período experimental aplicável ao caso, de 180 dias, porquanto, segundo reza o documento, António «não demonstrara as características profissionais que a empresa entendia necessárias».

Nessa data, o período experimental perfaz (115+31+26=) 172 dias completos, só terminando, quando muito, às 24 horas de 4 de dezembro seguinte, altura em que poderia perfazer os 180 dias[31] (=172+8).

A declaração do empregador de denúncia unilateral do contrato no período experimental é formalmente válida, pois vale aqui o princípio da liberdade de forma, tendo sido usada a forma escrita, recomendável em tais situações.

Tendo o período experimental durado já mais de 120 dias, está o empregador obrigado a um pré-aviso de 15 dias relativamente à data de 27 de novembro, na qual pretende que a declaração de denúncia do contrato de trabalho seja eficaz – art. 114.º, n.º 3, do CT. Porém, o «*não cumprimento, total ou parcial, do período de aviso prévio previsto nos n.ºs 2 e 3, determina o pagamento da retribuição correspondente ao aviso prévio em falta*» – n.º 4 –, não tornando, esta denúncia irregular quanto ao pré-aviso, num despedimento ilícito.

Por outro lado, a motivação da denúncia, com a afirmação de que o trabalhador, no entender do empregador, «não demonstrara as características profissionais que a empresa entendia necessárias», não sendo

[29] Apesar de a doença não perfazer uma duração superior a um mês (art. 296.º, n.º 1, do CT), estabelece o n.º 3 que «*o contrato de trabalho suspende-se antes do prazo referido no n.º 1, no momento em que seja previsível que o impedimento vai ter duração superior àquele prazo*», previsão essa que, como quase todas, pode, depois, não vir a verificar-se.

[30] No mesmo sentido, Martins (2017, p. 587).

[31] *Vide* também art. 279.º CC, acerca das regras de contagem de prazos substantivos.

exigida legalmente, por si mesma, não indicia (antes pelo contrário) que haja uma invocação abusiva do período experimental, que permita sindicar a utilização feita pelo empregador desta sua prerrogativa com fundamento no abuso do direito – sendo que, do texto do caso, também não se extraem argumentos adicionais no sentido da demonstração de tal eventual abuso.

Caso assim não fosse, caso houvesse uma invocação abusiva do período experimental, a consequência poderia ser a conversão dessa cessação em despedimento ilícito do art. 381.º, com todas as consequências associadas, sem prejuízo de alguma doutrina defender, ao invés, que «poderá dar origem a uma obrigação de indemnizar a contraparte pelos prejuízos daí decorrentes»[32].

CONCLUSÃO

1. *A descrita denúncia, operada pelo empregador, no dia 27 de novembro de 2020, ao abrigo do período experimental e com efeitos imediatos, ocorre ainda no decurso do período invocado, determinando assim, tal comunicação, a cessação imediata da relação de trabalho, ainda que com violação do art. 114.º, n.º 3, do CT, mas violação essa que confere ao trabalhador um mero direito de crédito indemnizatório, que se mede pela retribuição correspondente ao aviso prévio em falta, ou seja, 15 dias de retribuição.*
2. *Conclui-se ainda que a formação profissional realizada espontaneamente pelo trabalhador, mesmo que voluntariamente paga pelo empregador, antes da celebração do contrato de trabalho, não é contabilizada para o período experimental, enquanto que idêntica formação profissional, mas realizada na pendência do contrato de trabalho e por determinação do empregador, é contabilizada para tal período experimental, mas somente até metade da duração daquele período, desconsiderando-se períodos eventualmente excedentes desta medida.*

António Sandinha Serra
Advogado e Professor da Coimbra Business School / ISCAC, IPC
Membro do CEOS.PP/ISCAP/P.PORTO

[32] Martins (2017, p. 577). No mesmo sentido, Tatiana Guerra de Almeida.

BIBLIOGRAFIA

AMADO, João Leal (2018). *Contrato de Trabalho – Noções Básicas*, 2.ª ed. Coimbra: Almedina.

ALMEIDA, Tatiana Guerra de (2007). *Do Período Experimental no Contrato de Trabalho*, Coimbra: Almedina.

FERNANDES, Monteiro (2017). *Direito do Trabalho*, 18.ª ed. Coimbra: Almedina.

GOMES, Júlio (2007). *Direito do Trabalho*, Vol. I, Coimbra: Coimbra Editora.

LEITE, Jorge (1999). *Direito do Trabalho, Vol. II* (Lições), Coimbra: Coimbra Editora.

MARTINS, Pedro Furtado (2017). *Cessação do Contrato de trabalho*, 4.ª ed. Cascais: Princípia.

RAMALHO, Maria do Rosário Palma (2016). *Direito do Trabalho, Parte II – Situações Laborais Individuais*, 6.ª ed. Coimbra: Almedina.

Direitos de Personalidade

A Sociedade "Pato & Poupado – Produção e Comercialização de Calçado, Lda.", com sede em Felgueiras, emprega cerca de 50 trabalhadores. Esta empresa está a recrutar um designer de calçado e, na entrevista de recrutamento e seleção, o sócio gerente Senhor Pato Poupado perguntou a Anabela, candidata ao emprego, se estava grávida ou se pretendia engravidar nos próximos tempos. O empregador, porque ouviu uns rumores de que a candidata ao emprego pertencia a uma minoria religiosa questionou-a, ainda, quanto às suas convicções religiosas.

Anabela acabou por ser contratada mas, perante alguma desconfiança do empregador, este decidiu colocar um sistema de videovigilância voltado para a mesa de trabalho da nova designer para avaliar, de forma adequada, o seu comportamento e desempenho. Para a apanhar mais facilmente, o Senhor Pato Poupado instalou o sistema de videovigilância sem dar conhecimento a ninguém, reproduzindo o sistema de câmara oculta que tinha visto num filme americano.

Além disso, e com o mesmo propósito, instalou um sistema de GPS (geolocalização) no automóvel da empresa que, normalmente, Anabela utilizava sempre que ia tratar de assuntos de serviço, nomeadamente reuniões no exterior com fornecedores e clientes.

a) Pronuncie-se sobre a legitimidade das questões colocadas na entrevista de recrutamento e seleção.

b) Avalie a legalidade da instalação do referido sistema de videovigilância no gabinete de Anabela.

c) Determine se é lícita a instalação do sistema de geolocalização em causa.

ENQUADRAMENTO DA FACTUALIDADE

- **Questões relacionadas com os direitos de personalidade do trabalhador**

Perante os factos presentes no caso acima descrito podemos identificar várias questões associadas aos direitos de personalidade do trabalhador[33]. O Código do Trabalho (CT) consagra um elenco de direitos de personalidade nos arts. 14.º a 22.º com o seguinte âmbito:

- liberdade de expressão e de opinião (art. 14.º);
- integridade física e moral (art. 15.º);
- reserva da intimidade da vida privada (art. 16.º);
- proteção de dados pessoais (art. 17.º);
- dados biométricos (art. 18.º);
- testes e exames médicos (art. 19.º);
- meios de vigilância a distância (art. 20.º);
- utilização de meios de vigilância à distância (art. 21.º);
- confidencialidade de mensagens e acesso a informação (art. 22.º).

Note-se que o CT não fez mais do que balizar a consagração dos direitos de personalidade no contexto laboral, desenvolvendo o respetivo regime à luz desse contexto. Isto porque, no ordenamento jurídico português, já o art. 70.º do Código Civil (CC) consagra uma tutela geral, apresentando concretizações desse direito, nomeadamente ao nível do direito ao nome (art. 72.º do CC), do direito à imagem (art. 79.º do CC) e do direito à reserva sobre a intimidade da vida privada (art. 80.º do CC). Os direitos de personalidade encontram-se, também, plasmados nos arts. 24.º a 26.º da Constituição, enquanto direitos pessoais.

[33] Segundo os ensinamentos de Pinto (1999, pp. 206 e 207), "direitos de personalidade são poderes jurídicos pertencentes a todas as pessoas, por força do seu nascimento – verdadeiros direitos do homem no sentido das Declarações Universais sobre a matéria (...). São direitos gerais, extrapatrimoniais e absolutos (...) é este um círculo de direitos necessários: um conteúdo mínimo e imprescindível da esfera jurídica de cada pessoa".

Todavia, esta consagração laboral dos direitos de personalidade tem a vantagem de enfatizar a ideia de que o trabalhador quando transpõe as portas para o interior da empresa não perde a sua individualidade[34].

As questões colocadas neste caso prático anunciam a delicadeza do tema dos direitos de personalidade. Estamos perante conflitos entre, por um lado, a liberdade de organização empresarial do empregador e, por outro lado, os direitos do trabalhador enquanto pessoa. Estes conflitos reclamam um exercício de concordância prática tendo em conta o princípio da proporcionalidade na dimensão de adequação, necessidade e proporcionalidade *strictu sensu*. Correlacionado com a proteção da personalidade do trabalhador está quase sempre a garantia do princípio da não discriminação, tal como ocorre, em concreto, quanto ao sexo e às convicções religiosas.

- **Identificação dos problemas jurídicos a resolver**

No caso prático em análise, relacionado com os direitos de personalidade, constata-se que será necessário abordar problemas respeitantes:

a) À fase pré-contratual em que o empregador coloca questões relacionadas com a vida privada do candidato ao trabalho;

b) Ao controlo através de meios de vigilância à distância – videovigilância; e

c) Ao controlo através de geolocalização (meio de vigilância a distância?).

RESOLUÇÃO DAS QUESTÕES

a) Fase pré-contratual em que o empregador coloca questões relacionadas com a vida privada do candidato ao trabalho

Deve ter-se em atenção que a entrevista efetuada a Anabela se enquadra na fase pré-contratual, a qual tem uma relevância particular no âmbito laboral devido à distinta força negocial das partes (empregador e trabalhador) e à extrema vulnerabilidade do candidato ao emprego.

[34] Abrantes (2004, p. 142), reclama "atenção crescente à chamada cidadania da empresa, isto é, aos direitos fundamentais não especificamente laborais, aos direitos do cidadão, que os exerce, enquanto trabalhador na empresa".

Anabela estará mais exposta a eventuais práticas discriminatórias, o que exige uma proteção da sua posição negocial. Se é verdade que o candidato ao trabalho deve informar o empregador sobre todos os aspetos relevantes para a prestação da atividade que irá desenvolver (art. 106.º, n.º 2, do CT), não é menos verdade que o empregador não pode exigir a este que preste informações respeitantes à sua vida privada, nomeadamente quanto ao seu eventual estado de gravidez e convicções religiosas (art. 17.º, n.º 1, do CT).

Relativamente a questionários sobre a gravidez, o CT determina que isso só é possível "quando particulares exigências inerentes à natureza da atividade profissional o justifiquem e seja fornecida por escrito a respectiva fundamentação" (art. 17.º, n.º 1, al. *b)*, do CT). Apenas será possível em casos excecionais. Por outro lado, o legislador foi perentório ao afirmar que o "empregador não pode, em circunstância alguma, exigir à candidata a emprego ou à trabalhadora a realização ou apresentação de testes ou exames de gravidez" (art. 19.º, n.º 2, do CT).

O CT proíbe igualmente que o empregador questione acerca das convicções religiosas do candidato ao emprego, já que esta matéria também é compreendida no âmbito da reserva da intimidade da vida privada (art. 16.º, n.º 2, do CT). Atente-se ainda que o art. 24.º, n.º 1, do CT proíbe que as convicções religiosas possam servir como um elemento discriminatório, já que o preceito indica de forma inequívoca que o empregador não pode praticar qualquer discriminação em razão da religião.

As informações relativas às convicções religiosas estão, portanto, fora do âmbito do dever de informação a cargo do candidato ou do trabalhador (art. 106.º, n.º 2, do CT). Assim, este dado não tem que ser revelado pelo trabalhador, a não ser que particulares exigências do contrato de trabalho o exijam, nomeadamente por não conseguir cumprir o conteúdo funcional a que se obriga aquando da celebração do contrato de trabalho.

O empregador não pode exigir esse tipo de informação, a não ser que seja contratualmente relevante tendo em conta a conformação da vontade do empregador. No caso hipotético de um trabalhador estar a ser contratado para um talho será relevante saber se a sua religião lhe permite manipular todo o tipo de carne já que, por exemplo, um crente muçulmano estará impedido de tocar em carne de porco. Só nesses casos muito restritos é que o contrato poderá ser declarado inválido por erro sobre a pessoa (arts. 251.º e 253.º do CC) e por violação do princípio da boa-fé (art. 227.º do CC e 102.º do CT). O que não é claramente a situação de Anabela que foi contratada para desempenhar as funções de designer de calçado.

Desta feita, parece claro que o empregador não pode colocar questões, na entrevista de recrutamento e seleção ou em questionários escritos, sobre aspetos que digam respeito a convicções religiosas ou a uma eventual gravidez ou intenções de engravidar.

Assim sendo, em termos práticos, se o candidato for confrontado com estas questões que violam a lei pode, com toda a legitimidade, recusar-se a responder. Todavia, este silêncio poderá conduzir a práticas discriminatórias, também elas proibidas nos termos dos arts. 24.º e 25.º do CT, e o trabalhador ficar com escassas possibilidades de conseguir o emprego.

Por esse motivo parece possível que o trabalhador não responda com a verdade quando é confrontado com questões ilegítimas. Mas este direito à mentira apenas se coloca nestes casos já que, quando o candidato presta falsas declarações, sujeita-se às consequências da responsabilidade pré-contratual com uma eventual anulação do contrato.

b) Controlo através de meios de vigilância à distância – videovigilância

Este problema respeitante à videovigilância tem adquirido cada vez mais interesse com os avanços da tecnologia na medida em que os dispositivos são cada vez mais desenvolvidos e permitem novas formas de captura e armazenamento de imagens e sons. Desta forma, está cada vez mais ameaçada a privacidade dos trabalhadores.

O direito à reserva da intimidade da vida privada encontra-se consagrado, desde logo, no art. 26.º da Constituição da República Portuguesa (CRP), enquanto direito fundamental, e no art. 80.º do CC, no âmbito dos direitos de personalidade. Em sede laboral, o art. 16.º do CT estende o direito à reserva da intimidade da vida privada ao contexto da relação de trabalho.

Neste âmbito podem colocar-se desafios atinentes ao equilíbrio entre, por um lado, os direitos fundamentais e de personalidade do trabalhador e, por outro, a liberdade de iniciativa económica privada do empregador, igualmente com consagração constitucional, nomeadamente ao nível da utilização de mecanismos de videovigilância.

Para a resolução desta questão concreta relevam os artigos 20.º e 21.º do CT, o Regulamento Geral de Proteção de Dados e a lei que visa assegurar a execução, na ordem jurídica nacional, do RGPD (Lei 58/2019, de 8 de agosto, doravante Lei de Execução).

O legislador consagrou, como regra geral, a impossibilidade de utilização pelo empregador de meios de vigilância à distância como forma de monitorizar o desempenho profissional do trabalhador (art. 20.º, n.º 1, do CT).

A utilização de tecnologia de videovigilância será "lícita sempre que tenha por finalidade a protecção e segurança de pessoas e bens ou quando particulares exigências inerentes à natureza da actividade o justifiquem" (art. 20.º, n.º 2, do CT)[35]. Estão aqui abrangidos, por exemplo, estabelecimentos de venda ao público, bancos, laboratórios que manuseiam substâncias perigosas. Neste caso, o empregador está obrigado a informar os trabalhadores sobre a existência e a finalidade desses meios de vigilância e afixar os seguintes avisos consoante os casos: "«Este local encontra-se sob vigilância de um circuito fechado de televisão» ou «Este local encontra-se sob vigilância de um circuito fechado de televisão, procedendo-se à gravação de imagem e som», seguido de símbolo identificativo" (art. 20.º, n.º 3, do CT). A videovigilância não pode ser oculta, a sua existência tem que ser publicitada.

As imagens captadas ou outros dados registados através de meios tecnológicos de vigilância à distância, só poderão, em regra, ser utilizadas no âmbito do processo penal, admitindo-se a sua relevância no domínio disciplinar "na medida em que o sejam no âmbito do processo penal" (art. 28.º, n.º 5 da Lei de Execução).

Com a entrada em vigor do regulamento geral de proteção de dados (RGPD)[36], para que o empregador possa instalar esses meios, já não é necessário pedir a autorização à Comissão Nacional de Proteção de Dados (CNPD) prevista no art. 21.º, n.º 1, do CT. Ou seja, mantêm-se em vigor todas as condições previstas no CT, salvo a necessidade de solicitar autorização da CNPD, que passou a ser dispensada após a entrada em vigor do RGPD.

[35] Acórdão do STJ, de 27 de maio de 2008, Processo n.º 467/06.3TTCBR.C1.S1, disponível em http://www.dgsi.pt/jstj.nsf/954f0ce6ad9dd8b980256b5f003fa814/ab22ee9a58a0bcd9802577530029f953?OpenDocument&Highlight=0,videovigil%C3%A2ncia.

[36] Regulamento Geral de Proteção de Dados 2016/679, de 27 de abril de 2016, que entrou plenamente em vigor a 25 de maio de 2018. Trata-se de um regulamento do direito europeu sobre privacidade e proteção de dados pessoais, aplicável a todos os indivíduos na União Europeia e Espaço Económico Europeu.

Nesta matéria podem levantar-se dúvidas quanto à necessidade de parecer da Comissão de Trabalhadores para que o empregador instale sistemas de videovigilância (art. 21.º, n.º 4 do CT), face à atual desnecessidade de autorização do RGPD. É prudente que a solicitação de tal parecer se mantenha já que este continuará a funcionar como uma garantia de cumprimento da obrigação de informação prevista no art. 20.º, n.º 3 do CT.

Além do mais, as câmaras não podem incidir sobre vias públicas, zonas de digitação de códigos de multibanco ou terminais de pagamento ATM, interior de áreas reservadas a clientes ou utentes, designadamente instalações sanitárias ou provadores de vestuário, o interior de áreas reservadas a trabalhadores, como zonas de refeição, vestiários, ginásio ou instalações sanitárias; e, nos estabelecimentos de ensino, as câmaras apenas podem incidir sobre zonas externas e de acesso e espaços como laboratórios ou salas de informática. (art. 19.º da Lei de Execução).

Apesar de não existir qualquer controlo prévio pela CNPD quanto à instalação de sistemas de videovigilância, a captação de som só é admitida no período em que as instalações vigiadas estejam encerradas ou mediante autorização prévia da CNPD. O encerramento das instalações deve corresponder à ausência de pessoas a trabalhar no interior da zona vigiada e não ao simples facto de um determinado estabelecimento estar encerrado ao público.

No caso concreto, e tendo em conta que a utilização de meios de vigilância a distância apenas é permitida em casos excecionais e nunca com a finalidade de controlar o desempenho profissional dos trabalhadores, não parece que seja lícita a instalação de uma câmara voltada para a secretária de Anabela. Isto porque, os dispositivos de videovigilância não devem estar dirigidos diretamente a postos de trabalho, devendo estar dirigidos de forma genérica para a finalidade que visam prosseguir, por exemplo, segurança do edifício contra a intrusão. Nesse caso, deveria estar voltado, por exemplo, para as portas e janelas e não diretamente para um posto de trabalho. Por outro lado, o empregador está obrigado a dar conhecimento aos trabalhadores sobre a sua instalação e a solicitar parecer à Comissão de Trabalhadores, quando existir (art.º 20.º, n.º 3, e art.º 21.º, n.º 4, do CT). Os trabalhadores têm não só direito a ser informados sobre a existência do sistema de videovigilância, mas, também, sobre todas as questões pertinentes quanto ao seu funcionamento.

Portanto, neste caso não foi respeitada nem a finalidade da utilização da videovigilância porque o dispositivo se encontrava apontado à mesa de trabalho de Anabela, nem os procedimentos de informação aos trabalhadores.

c) Controlo através de geolocalização (meio de vigilância a distância?)

A utilização do GPS (*Global Positioning System*) permite que se conheça em tempo real a posição geográfica de quem utiliza este equipamento. No domínio laboral estes dispositivos permitem que o empregador consiga seguir em tempo real, a todo o tempo e em qualquer lugar, o trabalhador que utiliza o automóvel da empresa. Estas tecnologias permitem que o trabalhador seja monitorizado tanto na sua vida profissional como na vida extraprofissional nos casos em que lhe é consentida a utilização do veículo na sua vida privada[37]. Não existem dúvidas que a utilização destes dispositivos de controlo fere a privacidade do trabalhador[38].

Apesar de algumas divergências, o controle por GPS deve ser considerado um meio de vigilância à distância[39]. No entanto, perante algumas

[37] Atente-se na especificidade apontada por Moreira (2017, pp. 20-21), já que "No Regulamento teve-se em atenção que estas tecnologias de geolocalização têm uma enorme capacidade de controlar a localização geográfica, quer de objetos, quer de pessoas, tendo a sua mesma vindo a melhorar nos últimos anos, sobretudo se associadas à tecnologia por radiofrequência. Assim, atualmente, é possível através de um dispositivo móvel equipado com sistema de GPS saber a localização de pessoas e de objetos com uma diferença de apenas 1 a 2 metros em relação à sua localização real, não apenas em locais situados no exterior de edifícios mas inclusive no interior e, por vezes, em locais extremamente íntimos. É possível, através destes meios, o controlo contínuo dos trabalhadores, não apenas durante a jornada de trabalho mas também fora desta".

[38] Estando já plenamente em vigor o Regulamento Geral de Proteção de Dados Pessoais, interessa ter presente que nesta sede a noção de dados pessoais corresponde a "informação relativa a uma pessoa singular identificada ou identificável", o que abrange a possibilidade de a pessoa ser identificada através, por exemplo, de um dispositivo que permita conhecer os dados da sua localização.

[39] Na jurisprudência surgiram várias dúvidas sobre o enquadramento do GPS como meio de vigilância à distância enquadrável nos arts. 20.º e 21.º do CT.

O Acórdão do STJ, de 22 de maio de 2007, Processo n.º 07S054, disponível em http://www.dgsi.pt/jstj.nsf/954f0ce6ad9dd8b980256b5f003fa814/1771be8dfd54aa72802572e40034640f?OpenDocument&Highlight=0,n%C3%A3o, determina que "não se pode qualificar o dispositivo de GPS instalado no veículo automóvel atribuído a um técnico de vendas como meio de vigilância a distância no local de trabalho, já que esse sistema não permite captar as dúvidas interpretativas a Comissão Nacional de Proteção de Dados pronunciou-se sobre a questão e proferiu a Deliberação n.º 7680/2014, de 28 de outubro, versando sobre o tratamento de dados pessoais referentes ao uso de mecanismos de geolocalização no contexto laboral[40].

Considerou-se que a tecnologia que permite a geolocalização é, potencialmente, uma ameaça à privacidade do trabalhador e, como tal, está associado ao tratamento de dados pessoais.

circunstâncias, a duração e os resultados das visitas efetuadas aos seus clientes, nem identificar os respetivos intervenientes". Seguindo a mesma orientação, o STJ voltou a determinar, por Acórdão de 13 de novembro de 2013, Processo n.º 73/12.3TTVNF.P1.S1, disponível em http://www.dgsi.pt/jstj.nsf/954f0ce6ad9dd8b980256b5f003fa814/e32eab3444364cb980257c2300331c47?OpenDocument&Highlight=0,n%C3%A3o, que "o dispositivo de GPS instalado, pelo empregador, em veículo automóvel utilizado pelo seu trabalhador no exercício das respetivas funções, não pode ser qualificado como meio de vigilância à distância no local de trabalho, nos termos definidos no referido preceito legal, porquanto apenas permite a localização do veículo em tempo real, referenciando-o em determinado espaço geográfico, não permitindo saber o que faz o respetivo condutor...Encontrando-se o GPS instalado numa viatura exclusivamente afeta às necessidades do serviço, não permitindo a captação ou registo de imagem ou som, o seu uso não ofende os direitos de personalidade do trabalhador, nomeadamente a reserva da intimidade da sua vida privada e familiar".
Em sentido contrário, e numa visão mais próxima da realidade subjacente à evolução tecnológica pronunciou-se o Tribunal da Relação do Porto, por Acórdão de 22 de abril de 2013, Processo n.º 73/12.3TTVNF.P1, disponível em http://www.dgsi.pt/jtrp.nsf/56a6e7121657f91e80257cda00381fdf/5ce6ac2d39e5c7c080257b6300301ec5?OpenDocument&Highlight=0,GPS,instalado%20, "[...] seja através de uma interpretação extensiva ou mediante uma interpretação atualista o dispositivo GPS instalado no veículo automóvel atribuído ao trabalhador deve ser englobado no conceito de meio de vigilância à distância no local de trabalho. [...] A geolocalização mediante a utilização do GPS pode ser utilizada com o objetivo de "proteção de pessoas e bens", mas não pode servir de meio de controle de desempenho profissional do trabalhador, uma vez que a respetiva utilização com esses objetivos comprime o direito à reserva da vida privada do trabalhador. [...] A utilização do GPS – como equipamento eletrónico de vigilância e controlo que é – e o respetivo tratamento, implica uma limitação ou restrição do direito à reserva da intimidade da vida privada, consignada no artigo 26.º n.º 1 da CRP, nomeadamente uma restrição à liberdade de movimento, integrando esses dados, por tal motivo, informação relativa à vida privada dos trabalhadores [...]". No mesmo sentido, é possível encontrar outras decisões, nomeadamente, Acórdão do TRG, de 03 de março de 2016, Processo n.º 20/14.7T8VRL.G1; Acórdão do TRP, de 04 de fevereiro de 2013, Processo n.º 229/11.6TTLMG.P1; Acórdão do TRP, de 05 de dezembro de 2016, processo n.º 20/14.8T8AVR.P1, todos disponíveis em www.dgsi.pt.

[40] Disponível em https://www.cnpd.pt/bin/orientacoes/DEL_7680-2014_GEO_LABORAL.pdf.

Segundo o entendimento da CNPD, é possível a instalação de dispositivos de geolocalização em automóveis apenas para a prossecução de três finalidades concretas:

- gestão de frotas;
- proteção de pessoas e bens;
- prova de cumprimento de contrato ou a prova do cumprimento de legislação relativa à segurança rodoviária.

Relativamente à finalidade de gestão de frotas que se encontrem em serviço externo, a CNPD entendeu que é admitida a geolocalização nos termos do art.º 20.º, n.º 2, do CT "quando particulares exigências inerentes à natureza da atividade o justifiquem". Isto ocorre, por exemplo, em casos de assistência técnica externa ou ao domicílio, distribuição de bens, transporte de passageiros, transporte de mercadorias e segurança privada.

Quanto à finalidade de proteção de bens, devido à existência de riscos concretos de segurança, sobretudo quanto à carga que transportam, entendeu-se que a instalação de equipamentos de geolocalização está justificada nos casos em que a viatura transporta materiais perigosos (materiais tóxicos ou inflamáveis, resíduos perigosos, armas e munições ou explosivos, medicamentos) ou materiais de valor elevado (aferido nos termos do art.º 202.º, n.º 1, al. *a)*, do Código Penal).

Na medida em que este tipo de dispositivos afeta o direito à privacidade, o empregador não pode recorrer a essa modalidade de vigilância de modo indiscriminado, apenas nos casos excecionais suprarreferidos.

Deve ficar claro que, em nenhum caso, a utilização de GPS pode servir para controlar o desempenho profissional do trabalhador. Essa não é uma finalidade legítima. Nunca pode ser utilizada de forma direta ou indireta para avaliar o desempenho do trabalhador.

De todo o modo, o empregador está obrigado a dar conhecimento aos trabalhadores sobre a instalação de dispositivos de geolocalização nos automóveis, a indicar a finalidade dos mesmos e a solicitar parecer à Comissão de Trabalhadores, quando existir (art.º 20.º, n.º 3, e art.º 21.º, n.º 4, do CT).

No que tange a telemóveis ou computadores portáteis, a CNPD considerou que a utilização de GPS não deve ser admitida por considerar que é "excessivo e desproporcional o tratamento de dados de geolocalização dos dispositivos móveis inteligentes para a finalidade de protecção de bens".

A instalação destes dispositivos está assim sujeita a um conjunto de princípios:

- Princípio da finalidade legítima, ou seja, deve existir um fim legítimo que fundamente a instalação destes mecanismos de controlo. Consequentemente, a recolha de dados deve ser adequada, pertinente e não excessiva em relação à finalidade.
- Princípio da proporcionalidade, ou seja, o recurso a estes mecanismos deve apenas ocorrer como medida de *ultima ratio*.
- Princípio da transparência na medida em que o trabalhador deve poder dispor dos seus próprios dados pessoais.

Como a instalação de GPS implica o tratamento de dados pessoais é necessário que exista um fim determinado, explícito e legítimo que justifique a restrição aos direitos fundamentais dos trabalhadores. Aplicando-se o normativo do art. 20.º, n.os 1 e 2, do CT exige-se, portanto, um fim legítimo para a utilização da geolocalização.

A informação relativa à localização de pessoas (geolocalização) integra o conceito de dados pessoais e, como tal, está sujeita às regras previstas no RGPD e na Lei de Execução quanto ao tratamento de dados pessoais.

Por outro lado, o tratamento de dados de geolocalização pelo empregador sem qualquer conexão com a vida profissional do trabalhador deve ser vedado. Assim, na eventualidade de o trabalhador usar o veículo da empresa para o exercício da sua atividade mas, também, na sua vida extralaboral, o tratamento de dados de geolocalização deve restringir-se à atividade profissional. Isto significa que o empregador deve instalar mecanismos que permitam ligar e desligar os referidos dispositivos consoante o trabalhador esteja ou não no exercício da atividade profissional[41].

[41] Moreira (2017, p. 21) acrescenta ainda que "há situações em que os dispositivos de GPS estão ligados ao motor de veículo e, por isso, é impossível a utilização deste mecanismo mecanismo de *switch off*. Neste casos, a tecnologia pode auxiliar na proteção da privacidade dos trabalhadores através do recurso à tecnologia de *privacy by design*, significando que é o próprio dispositivo técnico que cria a possibilidade de proteger a privacidade dos trabalhadores através de mecanismos para separar a utilização pessoal, ficando a primeira acessível ao

Em suma, e no que diz respeito ao caso em *sub judice*:

- Na medida em que o tratamento de dados relativos à geolocalização só é admitido quando se destine a certas finalidades (gestão de frotas em serviço externo e proteção de bens), não parece possível a sua instalação no automóvel utilizado por Anabela quando se desloca para reuniões com clientes e fornecedores;
- Mesmo que fosse admitida a sua instalação, a geolocalização nunca poderia ser usada para controlar o desempenho da trabalhadora;
- A licitude da utilização deste meio exigiria ainda que Anabela tivesse conhecimento da instalação do GPS na viatura que normalmente utilizava.

CONCLUSÃO

Relativamente às questões concretamente colocadas dir-se-á, sucintamente, que:

a) *O empregador não poderá, na entrevista de recrutamento e seleção, colocar questões a Anabela sobre convicções religiosas e gravidez. Para as funções que irá desempenhar de designer de calçado não se verificam particulares exigências inerentes à natureza da atividade profissional que legitimem esse tipo de perguntas.*

b) *Na tarefa de harmonização de direitos e no que diz respeito ao uso de meios de vigilância, estes só devem ser utilizados quando se destinem à proteção da segurança de pessoas e bens ou quando peculiares exigências da atividade o determinem, o que não se verifica no caso. O empregador não poderá colocar um sistema de videovigilância voltado para a mesa de trabalho de Anabela e, por outro lado, tem de prestar a informação prevista na lei.*

c) *Na viatura normalmente utilizada por Anabela não se justifica a instalação de um sistema de geolocalização já que não ficou demonstrado que essa instalação se destina a prosseguir um fim legítimo (gestão de frotas em serviço externo e proteção de bens).*

Susana Sousa Machado

Professora Adjunta da ESTG – Instituto Politécnico do Porto

empregador e a outra inacessível, ainda que, em caso de furto ou roubo, por exemplo, essa informação esteja registada e possa ser utilizada pelas autoridades competentes".

BIBLIOGRAFIA

AMADO, João Leal (2018). *Contrato de Trabalho – Noções Básicas*, Coimbra: Almedina.

JOSÉ JOÃO ABRANTES, (2004). "O Novo Código do Trabalho e os Direitos de Personalidade do Trabalhador", in AA.VV., *A Reforma do Código do Trabalho*, Coimbra: Coimbra Editora.

MOREIRA, Teresa Coelho (2012). "A admissibilidade probatória dos ilícitos disciplinares de trabalhadores detectados através de sistemas de videovigilância – Comentário ao acórdão do Tribunal da Relação de Lisboa de 16 de Novembro de 2011", in *Questões Laborais*, n.º 40, pp. 265-276.

MOREIRA, Teresa Coelho (2016). "O controlo dos trabalhadores através de sistemas de geolocalização", in *Estudos de Direito do Trabalho*, Volume II, Coimbra: Almedina.

MOREIRA, Teresa Coelho (2017). "Algumas implicações laborais do regulamento geral de proteção de dados pessoais no trabalho 4.0", in *Questões Laborais*, n.º 51, pp. 9-34.

PINTO, Carlos Alberto da Mota (1999), *Teoria Geral do Direito Civil*, 3.ª edição actualizada, Coimbra: Coimbra Editora.

QUINTAS, Paula (2013). *Os direitos de personalidade consagrados no Código do Trabalho na perspetiva exclusiva do trabalhador subordinado – direitos (des)figurados*, Coimbra: Almedina.

REIS, Viriato (2006). "Ilicitude da videovigilância no local de trabalho. Segurança de pessoas e bens. Direito à reserva da intimidade da vida privada e direito à imagem dos trabalhadores", in *Revista do Ministério Público*, ano 27, n.º 106, abril-junho 2006, pp. 185-186.

Contrato de Trabalho a Termo

Xavier celebrou, em 1 de fevereiro de 2016, com a teleportugal S.A., um contrato de trabalho para exercer as funções correspondentes à categoria de técnico superior de segurança e higiene no trabalho, no estaleiro daquela empresa, sito em Braço de Prata, Lisboa, onde estava em curso uma empreitada que tinha sido adjudicada pela REFEP – Rede Ferroviária Portuguesa à TelePortugal S.A.

Do contrato de trabalho celebrado entre a TelePortugal S.A. e Xavier constava, entre outras, a seguinte cláusula:

«O presente contrato começa a vigorar em 1 de fevereiro de 2016 e caduca com a conclusão dos serviços na empreitada da REFEP "Conceção do Centro de Comando Operacional de Lisboa"» (tal empreitada consistia na conceção e execução do Centro de Comando Operacional de Lisboa, da REFEP, o qual se destinava a fazer a gestão de todas as linhas de circulação de comboios da REFEP).

Xavier iniciou a sua prestação de trabalho na empreitada referida em 01.02.2016, o que fez até ao dia 22.08.2017, data em que iniciou o gozo de 15 dias úteis de férias, que terminou em 11.09.2017.

Antes do término do período de férias de Xavier, foi-lhe ordenado que, após as férias, se apresentasse ao serviço noutra obra da teleportugal, sita em Coina e designada «Linha do Sul – Sinalização e Telecomunicações do Ramal da Siderurgia Nacional». Xavier iniciou a sua prestação de trabalho na referida empreitada em 12.09.2017, aí exercendo as suas funções até 30.12.2017.

Entretanto, por carta datada de 22.11.2017, a TelePortugal S.A. comunicou a Xavier a cessação do contrato de trabalho, com efeitos a partir de 31 de dezembro de 2017.

A obra de Lisboa foi concluída no final de 2017 e a obra da Coina terminou em maio de 2018.

Questionada sobre a transferência de Xavier de Lisboa para Coina, a TelePortugal S.A. informou que as necessidades relativas ao controle da segurança e qualidade na obra de Lisboa eram menos intensas e, por isso, decidiu, para responder a um pico de trabalho na obra de Coina, afetar temporariamente o trabalho de Xavier a essa outra obra.

Caso inspirado no acórdão do Tribunal da Relação de Lisboa, de 08-09-2010, processo 506/08.3TTVFX.L1-4, disponível em www.dgsi.pt.

Responda:

a) Tendo somente em consideração os dados de que dispõe, qualifique e aprecie a validade do contrato celebrado entre a TelePortugal S.A. e o Xavier.

b) Na sua opinião, será lícita a cessação do contrato de trabalho de Xavier promovida pela TelePortugal S.A.? Justifique.

c) Independentemente da resposta dada à pergunta anterior, calcule a compensação devida a Xavier pela cessação do contrato de trabalho (considere que Xavier auferia uma remuneração mensal ilíquida de € 1.000,00).

ENQUADRAMENTO GERAL[42]

• Qualificação do contrato de trabalho

O contrato de trabalho é aquele pelo qual uma pessoa singular se obriga, mediante retribuição, a prestar a sua atividade a outra ou outras pessoas, no âmbito de organização e sob a autoridade destas (art. 11.º do Código do Trabalho (CT)). Da noção legal transcrita resulta que o contrato de trabalho é um negócio jurídico obrigacional, bilateral, tem por objeto

[42] O enquadramento geral do tema usa como referência bibliográfica principal Machado (2015).

principal a realização de uma atividade humana, intelectual ou manual, a cargo do contraente trabalhador, que tem por contraprestação, devida pelo empregador, o pagamento da retribuição; esta não é a prestação característica do contrato e, portanto, não constitui o seu elemento mais representativo, sendo, no entanto, essencial, uma vez que sem retribuição não há contrato de trabalho. O último elemento necessário do conceito legal é a subordinação jurídica, que comporta, em sentido amplo, a alienabilidade, o dever de obediência e o poder disciplinar, ou seja, o trabalhador aliena a sua força de trabalho a outrem, sem assumir riscos, entrando os resultados da sua atividade diretamente na esfera jurídica do beneficiário, o empregador. Em contrapartida, o trabalhador recebe ordens e instruções do empregador, a que deve obediência, e está sujeito ao seu poder disciplinar.

O conceito legal de contrato de trabalho, como acaba de ser visto, não comporta, necessariamente, qualquer limitação temporal, inicial ou final, isto é, o contrato de trabalho, em regra, tem início na data da sua celebração e dura por tempo indeterminado. É, no entanto, possível, condicionar a sua duração pela aposição das cláusulas acessórias de termo e condição.

A condição e o termo são cláusulas acidentais ou acessórias, legalmente nominadas, típicas dos negócios jurídicos, isto é, «dispositivos legalmente previstos e regulados e que elas [as partes] podem utilizar na confecção dos negócios que celebrem»[43].

Se os efeitos do negócio jurídico forem postos pelas partes, total ou parcialmente, na dependência de um *evento futuro e certo*, então o negócio terá sido celebrado a termo, suspensivo ou inicial se for estipulado que os efeitos comecem a partir de certo momento, resolutivo ou final se for estipulado que os efeitos cessem a partir desse mesmo momento (art. 278.º CC). O termo pode, ainda, ser certo ou incerto, mas como aqui a verificação da ocorrência é certa (ao contrário da condição), a incerteza só se refere ao momento dessa verificação: se existe a certeza do evento e a certeza da data em que irá ocorrer, o termo é certo (*dies certus an, certus quando*); se existe a certeza do evento, mas é incerta a data em que irá ter lugar, o termo é incerto (*dies certus an, incertus quando*). No primeiro caso, o termo é também designado por *prazo*. Em regra, o termo certo é fixado

[43] Cordeiro (1999, p.598).

por referência a uma determinada data (o contrato termina em...) ou por um prazo (seis meses, um ano). O termo incerto pode ser estipulado por referência a uma data inicial certa, sendo incerto o momento da verificação do evento (a substituição de um trabalhador por doença ou por acidente) ou por referência a uma data incerta, sendo certo o momento da verificação do evento (cinco dias a contar da interpelação).

A aposição ao contrato de trabalho de cláusulas resolutivas envolve alguma reserva, pela precarização que introduzem nas relações laborais. O art. 139.º do CT admite a sujeição do contrato de trabalho a termo resolutivo.

Atualmente, a disciplina do contrato de trabalho a termo resolutivo encontra-se, no essencial, no CT, no âmbito da regulação das modalidades de contrato de trabalho, arts. 139.º a 149.º; dispersos em disposições isoladas, encontram-se regulados outros aspetos do regime, designadamente, a duração do período experimental (art. 112.º, n.º 2, do CT), o regime regra de cessação deste tipo de contrato (arts. 343.º a 345.º do CT) e a adaptação das regras gerais sobre cessação ao contrato a termo (arts. 393.º, 396.º, n.º 4 e 400.º, n.º 3 e n.º 4, do CT), entre outros.

REGIME JURÍDICO

- **Fundamentos**

O contrato de trabalho a termo está sujeito a motivação restrita. É, portanto, necessário fundamentar objetivamente a sua celebração.

No CT, art. 140.º, o legislador optou por um sistema misto para o contrato a termo certo: enunciou uma cláusula geral de justificação, acompanhada por um elenco exemplificativo de motivos que lhe correspondem e, separadamente, os motivos autónomos que respondem a necessidades de política económica e social e não à caracterização feita na cláusula geral.

Para o contrato de trabalho a termo incerto, a justificação é constituída por um elenco taxativo, fechado, de motivos objetivos (os mesmos, com exceção de um, que constituem o elenco exemplificativo, mas agora com carácter taxativo), sem prejuízo dos requisitos previstos na cláusula geral; esta ressalva destina-se a reforçar a ideia de que também neste caso a contratação só é permitida para a satisfação de necessidade temporária, pelo período estritamente necessário.

Necessidades temporárias do empregador

Segundo a cláusula geral, prevista no art. 140.º, n.º 1, do CT, o contrato a termo «só pode ser celebrado para a satisfação de necessidades temporárias, objetivamente definidas pela entidade empregadora e apenas pelo período estritamente necessário à satisfação dessas necessidades».

São, pois, dois os requisitos – *(i) satisfação de necessidades temporárias do empregador, (ii) pelo período estritamente necessário a essa satisfação.*

(i) O conceito é vago e o seu preenchimento depende, totalmente, do empregador. O carácter temporário das necessidades depende, quase sempre, de decisão deste, é consequência das suas opções de política económica e empresarial. Assim, o seu preenchimento deve ser controlado, quer por contraposição com o conceito de necessidade estável ou permanente, quer mediante objetivação sustentada em factos suscetíveis de controlo judicial[44].

(ii) O segundo requisito tem natureza temporal, isto é, delimita a duração do contrato, que não deve ultrapassar a da necessidade que lhe deu motivo. Esta regra não se dirige apenas ao momento da celebração, condiciona, também, todas as alterações do prazo contratual, designadamente, a renovação do contrato. Se, no entanto, a duração do contrato não deve exceder a da necessidade, não há razões para que não possa ser inferior[45], pelo que nada impede a renovação automática do contrato ou por prazo diferente do inicial. O juízo sobre a duração (tal como o juízo sobre a necessidade) deve ser atual, ou seja, contemporâneo da celebração do contrato ou da sua renovação e, de novo, objetivo e sustentado em factos suscetíveis de controlo judicial.

O n.º 2 do art. 140.º do CT enumera, a título exemplificativo, os motivos mais comuns, aqueles que mais frequentemente sustentam a celebração destes contratos. Se, na maioria das situações, o elenco pode apre-

[44] Ramalho (2014, pp. 281-282) e Gomes (2007, p. 592 e 2003, p. 83).
[45] Monteiro e Brito (2017, p. 387).

sentar-se suficiente, haverá outras em que o não é e, então, sem prejuízo dos requisitos do n.º 1, novas situações poderão apresentar-se como justificativas.

Os fundamentos de celebração do contrato do n.º 2 do art. 140.º do CT podem ser analisados segundo diversas perspetivas, designadamente, numa perspetiva subjetiva, conforme respeitem ao trabalhador (als. *a)* a *d)*) ou ao empregador (as demais, da *e)* à *h)*); e numa perspetiva objetiva, conforme constituam resposta a problemas surgidos na gestão corrente da empresa (os casos de substituição de trabalhador e de acréscimo excecional de atividade da empresa, por exemplo) ou sejam determinados pela natureza da própria atividade desenvolvida pela empresa (os casos de atividades sazonais ou cujo ciclo anual apresenta irregularidades).

Execução de obra, projeto ou outra atividade definida e temporária.

A al. *h)*, «execução de obra, projecto ou outra actividade definida e temporária, incluindo a execução, direcção e fiscalização de trabalhos de construção civil, obras públicas, montagens e reparações industriais, em regime de empreitada ou em administração directa, bem como os respectivos projectos ou outra actividade complementar de controlo e acompanhamento», sustenta a celebração de contratos a termo certo e incerto.

Atribui-se, aqui, especial relevo às atividades de construção civil, obras públicas, montagens e reparações industriais, permitindo-se aos empregadores destes ramos manter quase todo o seu pessoal contratado a termo, uma vez que o seu objeto consiste, essencialmente, na execução de obras e projetos que são, pela sua natureza, definidos e temporários. Estas empresas subsistem, portanto, com quadros de pessoal permanente muito reduzidos e o seu "*core business*" é, na prática, mantido por trabalhadores precários (o que contribui, seguramente, para a grande sinistralidade que afeta estes setores).

A específica referência legal a estes setores, que são os mais visíveis e mais representativos, deve ser considerada, essencialmente, ilustrativa de uma realidade mais vasta, constituída por quaisquer empresas que executam «obra, projecto ou outra actividade definida e temporária, [...] Em regime de empreitada ou em administração directa [...]», seja de coisas corpóreas ou criação intelectual[46].

[46] Silva (2004, p. 112). O Autor exemplifica com a construção de uma barragem ou de um prédio, a encenação de uma peça de teatro ou a realização de um programa de televisão.

A justificação em análise pode, também, sustentar o desenvolvimento dos projetos, estudos e instalação de uma nova empresa, sem que colida com o fundamento autónomo de incentivo empresarial, previsto no art. 140.º, n.º 4, do CT[47].

A admissibilidade legal deste tipo de justificação é passível de um juízo de censurabilidade, pela discriminação e pela precariedade que instala entre os trabalhadores afetados, mas há que considerar o outro lado do problema: obrigar empresas que alternam períodos de grande atividade (quando têm obras ou projetos adjudicados de dimensão relevante) com períodos de inatividade ou atividade menos intensiva (quando não têm obra adjudicada ou esta é de pequena dimensão), a manter permanentemente ao serviço os quadros necessários à realização de quaisquer obras ou projetos, seria incomportável e conduziria ao encerramento da maioria delas.

A celebração de contrato a termo com este tipo de motivação coloca diversos tipos de problemas, a saber: (1) a definição das funções que podem ser contratadas a termo e que devem estar diretamente relacionadas com a obra ou projeto, sejam de execução, direção ou fiscalização, ou complementares, de controlo ou acompanhamento (assim, devem ser excluídos do âmbito de aplicação da norma trabalhos só parcialmente relacionados com a obra ou projeto, caso dos trabalhos de contabilidade, por exemplo[48]); (2) a gestão de variações imprevisíveis na duração da obra; (3) ou, ao contrário, a paragem e abandono da obra pelo empreiteiro, por exemplo.

Regime de prova

Incumbe ao empregador o ónus da prova sobre a veracidade do motivo justificativo do recurso à contratação a termo (art. 140.º, n.º 5, do CT), na celebração do contrato como na sua renovação, mesmo que o fundamento de contratação diga respeito ao trabalhador (como sucede na al. *b)* do n.º 4 do art. 140.º, do CT, relativa à contratação de trabalhador desempregado de muito longa duração). Esta solução está de acordo com o regime regra (art. 342.º do CC), uma vez que é o empregador que se faz

[47] Neste sentido, cfr. acórdão do STJ, de 14 de março de 2007, Processo n.º 06S3410, disponível in www.dgsi.pt.

[48] Monteiro e Brito (2017, p. 391).

valer de um motivo para limitar a duração do contrato, devendo, por isso, provar a sua existência e a sua veracidade, bem como a dos factos indicados no contrato. No entanto, atendendo a que a repartição do ónus da prova entre os litigantes resulta da posição que cada um assume no processo, poderia entender-se que o trabalhador que invocasse a aposição do termo no contrato, mas alegasse a nulidade da sua estipulação, deveria provar os fundamentos dessa nulidade por ser constitutiva do direito alegado: a existência de contrato sem termo. A norma em análise obsta a este entendimento e evita qualquer dúvida que pudesse subsistir[49].

Apesar da regra em análise, quando o trabalhador invoque fraude à lei para sustentar a nulidade da estipulação do termo (art. 147.º, n.º 1, al. *a*)), a intenção de «iludir as disposições que regulam o contrato sem termo» deve ser invocada e provada pelo trabalhador, «pois não estão em causa os motivos justificativos da contratação a termo, mas antes a determinação de quem deve ser penalizado por decisão desfavorável quanto à matéria de facto, se existirem dúvidas sobre a intenção de defraudar a lei na contratação a termo»[50].

- **Forma e formalidades**

Regime regra

Para além da existência de um motivo válido para a sua celebração (requisito substancial), o contrato de trabalho a termo é um contrato sujeito a forma escrita e a um clausulado obrigatório, que visam a segurança jurídica e a proteção do trabalhador, designadamente para «melhor assegurar o controlo da legitimidade do recurso aos contratos a prazo (o âmbito mínimo da forma legal parece envolver um significativo momento de interesse público)»[51].

Os requisitos de forma estão previstos no art. 141.º, n.º 1, do CT.

Em primeiro lugar, o contrato está sujeito a forma escrita. A inobservância da forma não implica a nulidade do contrato, mas a nulidade da estipulação do termo e a redução *ope legis* do contrato que, por isso, se considera celebrado por tempo indeterminado; trata-se, a par com

[49] Monteiro e Brito (2017, p. 393).

[50] Monteiro e Brito (2017, p. 405).

[51] Leite (2004, p. 54).

outras, de uma formalidade *ad substanciam* que reverte contra o empregador, pois a sua violação determina a transformação de um vínculo precário em estável (art. 147.º, n.º 1, al. *c)*, do CT).

Além da forma escrita, o contrato a termo tem um clausulado obrigatório: identificação, assinaturas e domicílio ou sede das partes; atividade contratada e retribuição do trabalhador; local e período normal de trabalho; data de início do trabalho; indicação do termo estipulado e do respetivo motivo justificativo; datas de celebração do contrato e, sendo a termo certo, da respetiva cessação. As consequências da inobservância são variáveis, pelo que não se pode dizer destes requisitos que têm todos o mesmo valor.

O contrato também se considera sem termo se faltarem simultaneamente as datas de celebração do contrato e de início do trabalho (se só uma delas faltar entende-se que vale como tal a outra, arts. 141.º, n.º 2, e 147.º, n.º 1, al. *c)*, do CT) ou se forem omissas ou insuficientes as referências ao termo e ao respetivo motivo justificativo. A indicação do termo envolve indicação do tipo – certo ou incerto – e da sua duração (sendo certo). A indicação do motivo justificativo deve ser feita pela menção expressa dos factos que o integram, devendo poder estabelecer-se a relação entre a justificação invocada e o termo estipulado, para que seja possível verificar que os motivos existem e são percetíveis pelas partes, principalmente, pelo trabalhador. Assim, não é suficiente a mera remissão ou referência da lei ou a repetição das palavras da lei, os factos devem ser verdadeiros e atuais (relativamente ao momento da celebração ou da renovação) e, no caso de necessidades temporárias, deve comprovar-se essa natureza bem como que o contrato foi celebrado pelo período estritamente necessário.

Os demais elementos, atividade contratada, retribuição do trabalhador, local e período normal de trabalho e, sendo a termo certo, a data da respetiva cessação, não constituem formalidades *ad substanciam*, antes somente *ad probationem*, pelo que podem ser objeto de prova por outra forma, designadamente testemunhal, e a sua falta não prejudica a validade do contrato. De qualquer modo, constituem elementos essenciais do contrato (a retribuição) e pressupostos da sua execução (a atividade contratada, o local e o período normal de trabalho), pelo que se não no contrato, devem ser indicados ao trabalhador, por qualquer meio, até ao início da sua execução. Fazem também parte do dever de informação a cargo do empregador cuja inobservância constitui contraordenação grave (arts. 106.º e 107.º do CT).

O empregador deve entregar cópia do contrato ao trabalhador, senão no momento da sua celebração e assinatura, pelo menos no dia em que se inicie a sua execução ou nos dias imediatamente seguintes. O incumprimento desta formalidade pode denotar má fé ou, pelo menos, negligência grosseira, e não deve deixar de ser sancionado[52]. No entanto, não existe previsão legal expressa que fixe o prazo de cumprimento e a sanção para a sua violação: a resposta à primeira questão poderia estar no art. 107.º, n.º 4, do CT, que fixa o prazo geral de sessenta dias para o cumprimento por escrito do dever de informação, mas este prazo é excessivamente longo para contratos que podem, até, ter duração inferior; a outra solução, que me parece razoável, é considerar para o efeito o prazo do período experimental, fixado no art. 112.º, n.º 2, do CT, em 30 ou 15 dias, conforme o contrato tenha duração pelo menos igual ou inferior a seis meses, respetivamente. Quanto à sanção, parece-me que não pode ser outra senão a que é aplicada no caso de falta de redução do contrato a escrito, isto é, como vimos, o contrato deve considerar-se sem termo[53].

- **Duração, renovação e conversão**

As soluções, em matéria de duração, são diferentes conforme se trate de contrato a termo resolutivo certo ou incerto, mas em ambos os casos a preocupação do legislador é controlar o grau de instabilidade gerado por este tipo de contratação, mantendo-o em níveis aceitáveis do ponto de vista do trabalhador.

Contrato de trabalho a termo resolutivo incerto

O contrato a termo incerto é, pela sua natureza, insuscetível de renovação, pelo que dura por todo o tempo necessário à substituição do trabalhador ausente ou à conclusão da atividade, tarefa, obra ou projeto cuja execução justificou a sua celebração. Segundo o art. 148.º, n.º 5, do CT, o contrato a termo incerto tem um limite de duração máxima, de quatro

[52] Cfr. art. 126.º, n.º 1, do CT, segundo o qual «o empregador e o trabalhador devem proceder de boa fé no exercício dos seus direitos e no cumprimento das respectivas obrigações».
[53] Correia (2009, pp. 68-69).

anos; após estes quatro anos, «a lei como que considera que a situação deixou de ser transitória, não mais podendo servir de credencial para um contrato precário»[54], pelo que, se esta duração for excedida sem que se verifique o termo incerto, ou seja, sem que se verifique o facto de que as partes fizeram depender a cessação do contrato, o contrato converter-se-á em contrato sem termo, como resulta do art. 147.º, n.º 2, al. *b)*, do CT. Esta solução foi bem recebida pela doutrina e considerada justificada, uma vez que contribui para «evitar a absoluta precariedade da situação do trabalhador»[55], já que, antes, o contrato «tanto poderia durar escassíssimo tempo como perdurar por muitos anos»[56].

O contrato não tem duração mínima e perdura todo o tempo necessário, até ao limite de quatro anos, à substituição do trabalhador ausente ou à conclusão da atividade, tarefa, obra ou projeto cuja execução justificou a sua celebração; a caducidade é automática, pois não depende de declaração prévia de qualquer das partes.

O art. 147.º, n.º 2, do CT determina a conversão *ope legis* do contrato a termo incerto em contrato sem termo em três situações: prevista na al. *b)*, a situação em que seja excedida a duração máxima de seis anos; previstas na al. *c)*, as situações em que o trabalhador permaneça em atividade após a data de caducidade indicada na comunicação do empregador (art. 345.º, n.º 1, do CT) ou, na falta desta, decorridos 15 dias após a verificação do termo.

- **Cessação**

O traço distintivo do contrato de trabalho a termo resolutivo em relação ao contrato de trabalho comum é a sua forma característica de cessação: o contrato cessa por caducidade, seja pelo decurso do prazo (no contrato a termo certo), seja pela realização do motivo justificativo da sua celebração (no contrato a termo incerto).

No CT, esta matéria da cessação do contrato de trabalho a termo resolutivo encontra-se tratada, não conjuntamente com as demais regras sobre a sua formação e regime, mas na parte que se ocupa da cessação

[54] Amado (2018, p. 92).
[55] Monteiro e Brito (2017, p. 410).
[56] Amado (2018, p. 92).

em geral do vínculo laboral (arts. 338.º a 403.º do CT), concretamente nos arts. 343.º a 345.º (caducidade) e 393.º, 396.º, n.º 4 e 400.º, n.º 3 e n.º 4 (adaptação das regras gerais sobre as outras formas de cessação ao contrato a termo), todos do CT.

Segundo o art. 343.º do CT, o contrato de trabalho caduca nos termos gerais[57], designadamente por verificação do termo, impossibilidade superveniente, absoluta e definitiva de o trabalhador prestar o seu trabalho ou do empregador o receber e reforma do trabalhador, por velhice ou invalidez.

A primeira questão que importa resolver é a do modo de operar da caducidade: se é automática ou *ipso jure*, em consonância com as regras gerais, não necessitando de ser invocada por qualquer das partes ou se, pelo contrário, em desvio às regras gerais, depende de uma manifestação de vontade dirigida à outra parte. Em Direito do Trabalho, a heterogeneidade de causas que podem motivar a caducidade explica a diversidade de regimes: se em regra opera automaticamente e determina a cessação imediata do contrato sem que o trabalhador tenha direito a compensação (no caso de morte do trabalhador ou na hipótese de perda do título profissional), casos há em que depende de aviso prévio (caducidade do contrato a termo certo) ou de um procedimento (caducidade por encerramento total e definitivo da empresa) e confere ao trabalhador o direito a uma compensação (casos da caducidade do contrato a termo, por morte do empregador, extinção e encerramento total e definitivo da empresa)[58].

O art. 345.º do CT ocupa-se da caducidade do contrato a termo resolutivo incerto.

[57] A referência é para os termos gerais de Direito, que nos remetem para outros casos que não os enumerados, a título exemplificativo, nesta disposição legal, estejam eles previstos no CT (caso da caducidade do contrato quando o exercício da atividade depende da posse de carteira profissional e esta é retirada ao trabalhador, cfr. art. 117.º, n.º 2), em diplomas especiais (casos da caducidade do contrato de serviço doméstico – art. 28.º do Decreto-Lei n.º 235/92, de 24 de outubro – e da caducidade do contrato de trabalhador designado para o exercício de funções de administração em sociedade comercial anónima – art. 398.º, n.º 2, do Código das Sociedades Comerciais) ou, fora dos casos previstos na lei (o caso de falta de prorrogação da autorização de permanência de trabalhador estrangeiro em território português, por exemplo).

[58] Fernandes (2017, pp. 537-538).

Caducidade do contrato de trabalho a termo incerto

O contrato a termo incerto caduca automaticamente verificando-se a ocorrência do termo, ou seja, verificando-se a ocorrência do facto a que a lei atribui efeito extintivo (o regresso do trabalhador ausente ou a cessação do seu contrato, a conclusão da atividade, tarefa, obra ou projeto cuja execução justificou a contratação ou a constatação da impossibilidade dessa concretização).

Não obstante, o empregador deve comunicar ao trabalhador a cessação do contrato, com a antecedência mínima de sete, trinta ou sessenta dias, conforme aquele tenha durado até seis meses, de seis meses até dois anos ou por período superior (no caso de contratação de vários trabalhadores, «a comunicação deve ser feita, sucessivamente, a partir da verificação da diminuição gradual da respectiva ocupação, em consequência da normal redução da actividade, tarefa ou obra para que foram contratados», art. 345.º, n.º 2, do CT). Este aviso prévio decorre da boa fé negocial e tem por finalidade permitir ao trabalhador preparar o regresso à condição de desempregado, designadamente envidando esforços para a obtenção de novo emprego, pelo que a sua não observância determina para o empregador a obrigação de pagar uma indemnização correspondente à retribuição do período de aviso prévio em falta.

Apesar da caducidade ser automática, admite-se a conversão do contrato se o trabalhador permanecer no desempenho da sua atividade após a data da produção de efeitos da denúncia ou, na falta desta, decorridos 15 dias após a verificação do termo (art. 147.º, n.º 2, al. *c)*, do CT).

A caducidade é, portanto, atípica e condicional, pois não depende da comunicação do empregador ao trabalhador, antes depende de uma «dupla condição»[59]: de um facto positivo, a verificação do evento extintivo identificado no contrato, e de um facto negativo, a não continuação do trabalhador ao serviço a desenvolver a atividade a partir de determinado momento, imediatamente após a data de cessação comunicada no aviso prévio ou, na falta de aviso prévio, quinze dias após a conclusão da substituição, atividade, serviço, obra ou projeto para que foi contratado. Se o primeiro requisito não se verificar, o contrato não se extingue por cadu-

[59] Leite (2004, pp. 201-202).

cidade; verificado o primeiro e não verificado o segundo, «o contrato não só se não extingue como se converte em contrato sem prazo»[60].

O cumprimento das prestações pelas partes (realização do trabalho pelo trabalhador e recebimento deste pelo empregador) depois da verificação do termo ou durante mais de quinze dias depois dessa verificação, determina a subsistência do vínculo laboral, transformado num contrato por tempo indeterminado. Há, no entanto, que ressalvar a hipótese de desconhecimento por parte do empregador da verificação do termo, ou seja, enquanto o empregador não tiver *conhecimento* de que teve lugar o facto extintivo do contrato (o falecimento do trabalhador substituído, por exemplo), não pode ter início a contagem do prazo de quinze dias para efeitos da sua conversão[61].

A situação do trabalhador entre a verificação do facto extintivo do contrato e a conversão do contrato (durante o hiato temporal de quinze dias a que se refere o art. 147.º, n.º 2, al. *c)*, do CT) ou entre aquele primeiro momento e o momento em que o empregador dele toma conhecimento, é apresentada pela doutrina como exemplo de relação laboral de facto[62].

Compensação pela caducidade do contrato

A caducidade do contrato a termo certo confere ao trabalhador o direito a uma compensação, salvo se decorrer de declaração do próprio; a caducidade do contrato a termo incerto confere sempre direito a compensação.

A compensação tem por referência a antiguidade do trabalhador, na razão de 18 dias de retribuição base e diuturnidades por cada ano completo de antiguidade no caso do contrato a termo certo (art. 344.º, n.º 2, do CT), e 18 ou 12 dias de retribuição base e diuturnidades, relativamente aos três primeiros anos ou aos anos subsequentes, no caso do contrato a termo incerto (art. 345.º, n.º 5, do CT). Em caso de fração de ano, o montante da compensação é calculado proporcionalmente (art. 366.º, n.º 2, al. *d)*, do CT, aplicável por remissão dos arts. 344.º, n.º 2, e 345.º, n.º 5, respetivamente, à caducidade do contrato a termo certo e do contrato a termo incerto).

[60] *Idem ibidem.*

[61] Silva (2004, pp. 272-273).

[62] Martinez (2017, p. 470).

O não pagamento da compensação constitui contraordenação laboral grave (arts. 344.º, n.º 5, e 345.º, n.º 5, do CT).

CONCLUSÃO

Respondendo agora diretamente às questões colocadas:

a) Tendo somente em consideração os dados de que dispõe, qualifique e aprecie a validade do contrato celebrado entre a TelePortugal S.A. e o Xavier.

- *Quanto à qualificação, trata-se de um contrato de trabalho (art. 11.º CT) a termo resolutivo incerto, porque se faz depender a cessação dos seus efeitos de um facto futuro (a conclusão da obra), certo quanto à sua verificação e incerto quanto ao momento dessa verificação (art. 278.º CC).*
- *A validade do contrato de trabalho deve ser analisada numa perspetiva material (admissibilidade, art. 140.º do CT): o contrato é válido considerando que a atividade é temporária, conforme resulta da cláusula geral do art. 140.º, n.º 1, do CT, e, concretamente, é admissível por corresponder à situação caracterizada na al. h) do 140.º, n.º 2, do CT, aplicável ao contrato a termo incerto por remissão do n.º 3.*
- *Numa perspetiva formal (art. 141.º do CT), pressupondo que foi celebrado por escrito («do contrato consta...»), e considerando somente os dados disponíveis, pode afirmar-se que, de acordo com o 141.º, n.º 1, al. e), e n.º 3, do CT, foi feita a indicação do motivo justificativo do termo com menção expressa dos factos que o integram (designadamente a identificação da obra), o que permite estabelecer a relação entre a justificação invocada e o termo estipulado. O contrato é válido.*

b) Na sua opinião, será lícita a cessação do contrato de trabalho de Xavier promovida pela TelePortugal S.A.? Justifique.

Há duas posições possíveis sobre esta questão.

- *Pode entender-se que a transferência do Xavier de Lisboa para Coina durante parte do período de execução do contrato de trabalho revela que o motivo justificativo da sua celebração é falso, destinando-se somente a iludir a aplicação das disposições do contrato sem termo. Assim, a cláusula do termo é ilícita, o contrato vale sem termo e a declaração de cessação do empregador constitui um despedimento ilícito (147.º, n.º 1, al. a), do CT); ou*

– *Pode, por outro lado, entender-se que à data da celebração do contrato não houve intenção de ludibriar a lei e que a transferência temporária de Xavier de Lisboa para a Coina se deveu às circunstâncias descritas pela empregadora: perda de intensidade da obra de Lisboa e pico de trabalho na obra de Coina. Se porventura a obra de Lisboa já estivesse concluída quando o Xavier passou a trabalhar em Coina, ter-se-ia que considerar o contrato convertido automaticamente em contrato sem termo (147.º, n.º 2, al. c), do CT), mas isso não se verificou. A obra ainda não estava concluída, o que apenas ocorreu em dezembro, pelo que o contrato vigorava ainda como contrato a termo e, apesar de a utilização temporária do trabalho de Xavier noutra obra surgir neste contexto, como anómalo, não tem a virtualidade de transformar o contrato a termo incerto em contrato sem termo. Assim sendo, a comunicação da TelePortugal S.A. ao Xavier da cessação do contrato a termo em 31/12/2017, com fundamento no terminus da obra de Lisboa, não constitui um despedimento, ilícito, mas a comunicação a que se refere o 345.º, n.º 1, do CT, necessária para fazer operar a caducidade.*

c) Independentemente da resposta dada à pergunta anterior, calcule a compensação devida a Xavier pela caducidade do contrato de trabalho (considere que Xavier auferia uma remuneração mensal líquida de € 1.000,00).
Compensação calculada nos termos dos arts. 345.º, n.º 4, al. a) e 366.º, n.º 2, al. c), do CT.
Considerando que Rmensal=1000€, então Rdiária=1000€:30dias= 33,33€.
A compensação, correspondente a 1 ano de duração do contrato de trabalho (01-02-2016 a 31-01-2017) é de 18diasx33,33€=600€
A compensação correspondente a 11 meses de duração do contrato de trabalho (01-02-2017 a 31-12-2017) é de (11mesesx600€):12=550€
A compensação pela cessação do contrato de trabalho de Xavier é de €1150.

Maria João Machado
CIICESI, ESTG/P.PORTO[*]

[*] Membro do *Centro de Inovação e Investigação em Ciências Empresariais e Sistemas de Informação e* docente da *Escola Superior de Tecnologia e Gestão / Politécnico do Porto.*

BIBLIOGRAFIA

AMADO, João Leal (2018). *Contrato de Trabalho – Noções Básicas*, 2.ª ed., Coimbra: Almedina.

CORDEIRO, António Menezes (1999). *Manual de Direito do Trabalho*, Coimbra: Almedina.

CORREIA, António Damasceno (2009). «Anotações ao regime jurídico do contrato a termo: o tratamento jurisprudencial», *Questões Laborais*, Ano XVI, n.º 33, janeiro-junho 2009, p. 61-115.

FERNANDES, António Monteiro (2017). Direito do Trabalho, 18.ª ed., Coimbra: Almedina.

GOMES, Júlio Manuel Vieira (2007). *Direito do Trabalho – Volume I – Relações Individuais de Trabalho*, Coimbra: Coimbra Editora, p. 35-99.

– (2003). «O contrato de trabalho a termo ou a tapeçaria de Penélope?», *Estudos do Instituto de Direito do Trabalho*, volume IV, Coimbra: Almedina.

LEITE, Jorge (2004). *Direito do Trabalho*, volume II, Coimbra: Serviço de Textos dos Serviços de Ação Social da Universidade de Coimbra.

MACHADO, Maria João (2015). *O contrato de trabalho a termo*, Porto: Imoedições.

MARTINEZ, Pedro Romano (2017). *Direito do Trabalho*, 8.ª ed., Coimbra: Almedina.

MONTEIRO, Luís Miguel e BRITO, Pedro Madeira [*et al.*] (2017). *Código do Trabalho – Anotado*, 11.ª ed., Coimbra: Almedina.

RAMALHO, Maria do Rosário Palma (2014). *Tratado de Direito do Trabalho – Parte II*, 5.ª ed., Coimbra: Almedina.

SILVA, Filipe Fraústo da (2004). «Implicações do Código do Trabalho em matéria de admissibilidade de termo resolutivo do contrato», *Prontuário de Direito do Trabalho*, n.º 69, setembro – dezembro de 2004, Centro de Estudos Judiciários, Coimbra: Coimbra Editora, p. 105-117.

Férias | Feriados | Faltas | Licenças

Ana, trabalhadora por conta de outrem da Sociedade X desde 1 de janeiro de 2000, com a categoria profissional de Chefe de Produção, aufere, como contrapartida do seu trabalho, €1500,00 mensais de retribuição base, €350,00 mensais de subsídio de turno e €6,00 de subsídio de alimentação por cada dia de trabalho efetivamente prestado. Trabalha por turnos rotativos, pois a secção de produção funciona em laboração contínua.

Ana é casada com Bruno, também ele trabalhador por conta de outrem. Têm dois filhos: um com 3 anos de idade e outro nascido em novembro do ano passado.

No ano passado, Ana não compareceu ao serviço nos dias 5 e 6 de fevereiro, bem como nos dias 9 e 10 de abril, pois o seu filho mais velho estava doente. Para além disso, no mês de novembro do ano passado iniciou o gozo de licença parental inicial de 150 dias: de 26 de novembro do ano passado até 24 de abril do presente ano.

Relativamente a férias, no ano passado Ana apenas gozou 7 dias úteis, pois os restantes 15 iria gozá-los em dezembro, o que não chegou a acontecer porque o parto ocorreu antes do previsto.

Perante estes factos, Ana tem as seguintes dúvidas:

a) Quais são as repercussões que as suas ausências ao serviço têm em termos retributivos e de direito a férias?

b) O dia do seu regresso ao serviço, após o termo da licença, é o dia 25 de abril do presente ano?

ENQUADRAMENTO DA FACTUALIDADE:

- **Identificação das figuras jurídicas em causa**

Férias
Feriados
Faltas
Licenças

A factualidade acima descrita passa pela análise do regime de quatro figuras jurídicas distintas: o direito a férias; os feriados; as faltas; as licenças.

O direito a férias é um direito irrenunciável de todos os trabalhadores por conta de outrem (art. 237.º, n.º 3, do Código do Trabalho, doravante designado por CT). Adquire-se com a celebração do contrato de trabalho, forma-se gradualmente ao longo do ano e vence-se, em regra, no dia 1 de janeiro de cada ano civil, reportando-se ao trabalho prestado no ano civil anterior (n.os 1 e 2 do mesmo artigo). Trata-se de um período de descanso anual retribuído, constitucionalmente garantido (artigo 59.º, n.º 1, al. *d)* da CRP), com vista à recuperação física e psíquica do trabalhador, entre outras finalidades (n.º 4 do mesmo artigo).

Os feriados são dias festivos, em que tipicamente as empresas encerram/suspendem a sua laboração e, consequentemente, os trabalhadores não prestam atividade laboral. Existem duas categorias diferentes de feriados – os obrigatórios e os facultativos – com regimes jurídicos díspares, como melhor veremos adiante.

As faltas constituem períodos de inexecução do contrato de trabalho, em que o trabalhador não presta atividade laboral em alturas em que, supostamente, tal deveria acontecer. O legislador define falta como "a ausência do trabalhador do local onde devia desempenhar a sua actividade durante o período normal de trabalho diário" (art. 248.º, n.º 1, do CT)[63]. As faltas podem ser de dois tipos: justificadas ou injustificadas (art. 249.º, n.º 1, do CT). As faltas justificadas, ao contrário das injustificadas,

[63] Trata-se, por isso, de um conceito «valorativamente neutro», em que a ausência do trabalhador, no tempo e local de trabalho, independentemente da sua duração, é qualificada como falta – Leite (1978, p. 421).

constituem um incumprimento lícito do contrato de trabalho, uma vez que a ausência ao serviço é legalmente permitida.

Por sua vez, tal como as faltas, as licenças também constituem intervalos de inexecução do contrato de trabalho, mas normalmente por períodos mais longos. O gozo de licenças, nos casos e termos legalmente previstos, legitima a não prestação de atividade por parte do trabalhador. São vários os casos de licença previstos no CT, inexistindo um regime jurídico privativo deste instituto jurídico, ou seja, ao contrário do que acontece para as férias, os feriados e as faltas, não encontramos, na nossa legislação laboral, um regime jurídico das licenças. Ao longo do CT encontram-se, sim, de forma dispersa, motivos e regras que norteiam a atribuição e gozo de diversas modalidades de licença.

- **Identificação dos sujeitos e problemas jurídicos a resolver**

No caso prático em análise Ana e a Sociedade X são, respetivamente, trabalhadora e empregador, vinculados por contrato de trabalho celebrado no dia 1 de janeiro de 2000.

Para podermos responder às dúvidas colocadas por Ana, deparamo-nos com os seguintes problemas jurídicos:

a) Como se qualificam as ausências de Ana ao serviço?
b) Quais as consequências dessas ausências na retribuição de Ana?
c) O dia 25 de abril é um dia normal de trabalho para Ana?
d) De que forma as ausências ao serviço afetam o seu direito a férias?

FALTAS E LICENÇAS

- **Faltas**

Noção e modalidades
Regime jurídico das faltas justificadas
Regime específico das faltas relacionadas com a parentalidade
Aplicação à hipótese prática

Como atrás se disse, constituem faltas as ausências do trabalhador, do lugar onde deveria prestar serviço, durante o período normal de trabalho diário (art. 248.º, n.º 1, do CT).

O n.º 1 do art. 249.º do CT indica-nos as duas modalidades de faltas existentes: justificadas e injustificadas. São justificadas as faltas previstas no n.º 2 do art. 249.º do CT. Nos termos do n.º 3 do mesmo artigo, todas as restantes são injustificadas[64].

Para que uma falta seja justificada não basta, no entanto, que seja dada ao abrigo de um dos motivos elencados no n.º 2 do art. 249.º do CT. É, ainda, necessário, que sejam cumpridas obrigações relativas à comunicação da ausência e, eventualmente, à comprovação do motivo invocado.

Com efeito, nos termos do art. 253.º, n.º 1, do CT, o trabalhador deve comunicar ao empregador a sua ausência, indicando o motivo justificativo, com 5 dias de antecedência, no mínimo. Quando a imprevisibilidade da ausência não permita cumprir esta antecedência, a comunicação deve ser feita assim que possível (n.º 2 do mesmo artigo). O não cumprimento da obrigação de comunicação conduz à injustificação da falta (n.º 5 do mesmo artigo).

Para além disso, se o empregador, no prazo de 15 dias seguintes à comunicação da ausência, solicitar ao trabalhador comprovativo do motivo por este invocado para faltar, deverá o mesmo ser entregue em prazo razoável (art. 254.º, n.º 1, do CT)[65]. A não entrega do comprovativo solicitado redunda, igualmente, na qualificação da falta como injustificada (n.º 5 do mesmo artigo).

As faltas justificadas, por corresponderem a um incumprimento lícito do contrato de trabalho, não afetam, por princípio, quaisquer direitos do trabalhador (art. 255.º, n.º 1, do CT). Contudo, algumas delas têm como consequência a perda de retribuição pelo período correspondente (n.º 2 do mesmo artigo).

[64] Segundo o disposto no art. 250.º do CT, "[*a*]s disposições relativas aos motivos justificativos de faltas e à sua duração não podem ser afastadas por instrumento de regulamentação colectiva de trabalho (...), ou por contrato de trabalho (...)". Exceciona-se, todavia, a situação das faltas de trabalhador eleito para estrutura de representação coletiva dos trabalhadores, nos termos do art. 409.º, cujo regime pode ser afastado por instrumento de regulamentação coletiva de trabalho desde que em sentido mais favorável ao trabalhador. A interpretação deste artigo não é isenta de polémicas, havendo quem entende que, por contrato de trabalho, podem ser acrescentadas faltas justificadas ao elenco da lei. Neste sentido, cfr. Ramalho (2016, pp. 475-476) e Martinez (2017, p. 581). Em sentido contrário, cfr. Fernandes (2017, p. 462) e Amado (2018, p. 253).

[65] Note-se que que a obrigação de comprovação das faltas pode resultar de Regulamento Interno ou de Circular/determinação prévia de procedimentos por parte do empregador.

Sucede que este regime geral das faltas, previsto nos arts. 248.º e ss. do CT, encontra alguns desvios/precisões quando em causa estão faltas relacionadas com a parentalidade.

A falta para prestação de assistência inadiável e imprescindível a filho, prevista, em geral, na al. *e)* do n.º 2 do art. 249.º do CT, vem melhor regulada nos arts. 49.º e 65.º do CT.

Daqui retiramos que o trabalhador pode faltar até 30 dias por ano civil[66] para prestar assistência inadiável e imprescindível, em caso de doença ou acidente, a filho menor de 12 anos (art. 249.º, n.º 1, do CT), desde que o outro progenitor não esteja a faltar pelo mesmo motivo (n.º 4 do mesmo artigo) e que o trabalhador entregue os comprovativos previstos no n.º 5 deste artigo[67], na eventualidade de os mesmos terem sido exigidos pelo empregador.

Estas faltas não afetam quaisquer direitos do trabalhador, sendo equiparadas a prestação efetiva de serviço, exceto para efeitos de retribuição (art. 65.º, n.º 1, al. *f)*, do CT).

Aplicando o predito à nossa hipótese prática, diremos que as ausências ao serviço de Ana, nos dias 5 e 6 de fevereiro, e 9 e 10 de abril, constituem faltas justificadas para prestação de assistência inadiável e imprescindível ao seu filho de 3 anos, desde que Bruno não tenha faltado pelo mesmo motivo e Ana tenha comunicado a sua ausência à sociedade X logo que possível. A justificação da ausência fica ainda dependente da entrega dos comprovativos previstos nas als. *a)* e *b)* do n.º 5 do art. 49.º do CT, caso o empregador os tenha solicitado nos 15 dias posteriores à comunicação de ausência[68]. Essas faltas, ainda que justificadas, provocam a perda de retribuição pelo período correspondente.

[66] Este período aumenta em um dia por cada filho além do primeiro. Para além disso, em caso de hospitalização, prolonga-se durante todo o período da mesma (art. 249.º, n.os 1 e 3, do CT).

[67] São eles: "a) Prova do carácter inadiável e imprescindível da assistência; b) Declaração de que o outro progenitor tem actividade profissional e não falta pelo mesmo motivo ou está impossibilitado de prestar assistência; c) Em caso de hospitalização, declaração comprovativa passada pelo estabelecimento hospitalar)".

[68] Ou essa obrigação resulte de Regulamento Interno ou de Circular/determinação prévia de procedimentos por parte do empregador.

- **Licenças**

Modalidades
Regime jurídico da licença parental inicial
Aplicação à hipótese prática

Ao longo do CT encontramos uma série de situações que conduzem à atribuição de licenças[69]. Entre elas estão eventos relacionados com a parentalidade. O regime jurídico de proteção na parentalidade, previsto nos arts. 33.º e seguintes do CT, consagra as seguintes licenças: licença em situação de risco clínico durante a gravidez "(art. 37.º do CT); licença para deslocação a unidade hospitalar localizada fora da ilha de residência para realização de parto (art. 37.º-A do CT); licença por interrupção da gravidez (art. 38.º do CT); licença parental (arts. 39.º a 43.º do CT); licença por adoção (art. 44.º do CT); licença parental complementar (art. 51.º do CT); licença para assistência a filho (art. 52.º do CT); licença para assistência a filho com deficiência, doença crónica ou doença oncológica (art. 53.º do CT). Em particular, a licença parental conhece 4 modalidades: licença parental inicial (art. 40.º do CT); licença parental inicial exclusiva da mãe (art. 41.º do CT); licença parental inicial a gozar por um progenitor em caso de impossibilidade do outro (art. 42.º do CT); licença parental exclusiva do pai (art. 43.º do CT).

A licença parental inicial é atribuída aos progenitores trabalhadores, após o nascimento de filho, pelo período de 120 ou 150 dias consecutivos[70] (art. 40.º, n.º 1, do CT) podendo ser acrescida de mais 30 dias, no caso de cada um dos progenitores gozar, em exclusivo, 30 dias consecutivos (ou dois períodos de 15 dias consecutivos) de licença, após o gozo do período obrigatório de licença parental inicial exclusiva da mãe (6 semanas a seguir ao parto – art. 41.º, n.º 2, do CT) – n.º 3 do mesmo artigo.

A licença é, portanto, atribuída aos pais, para ser partilhada entre eles[71], embora nada obste a que apenas um dos progenitores usufrua da totalidade da licença.

[69] Cfr. arts. 37.º a 44.º, 51.º a 53.º, 67.º, n.º 3, 92.º, n.º 2, e 317.º, todos do CT.

[70] Este período é acrescido de 30 dias por cada gémeo além do primeiro (art. 40.º, n.º 4, do CT).

[71] Entre os 120 e os 150 dias a licença pode ser gozada, em simultâneo, por ambos os progenitores (art. 40.º, n.º 2, do CT).

Os trabalhadores devem avisar as suas entidades empregadoras, até 7 dias após o parto, da sua resolução relativamente à partilha da licença, juntando decisão conjunta (art. 40.º, n.º 8, do CT). Na eventualidade de ser apenas um deles a gozar a totalidade da licença, o trabalhador que a goze deve, no mesmo prazo, informar o respetivo empregador, da duração da licença e do início do respetivo período, juntando declaração do outro progenitor de que exerce atividade profissional e não goza licença parental inicial (n.º 10 do mesmo artigo)[72].

Conforme o previsto na al. *d)* do art. 65.º do CT, o gozo da licença parental, em qualquer uma das suas modalidades, tem como consequência a perda de retribuição pelo período correspondente[73].

Posto isto, com relação à nossa hipótese prática, diremos que no dia 26 de novembro do ano passado Ana iniciou o gozo de uma licença parental inicial, pelo período de 150 dias, o que faz com que, durante estes dias de ausência, Ana não tenha direito a ser retribuída pela sua entidade empregadora.

FERIADOS

- **Modalidades**

Feriados obrigatórios e feriados facultativos
Aplicação à hipótese prática

Os arts. 234.º, n.º 1, e 235.º, n.º 1, do CT, consagram 13 feriados obrigatórios (1 de janeiro, sexta-feira Santa, domingo de Páscoa, 25 de abril,

[72] Na falta de entrega das declarações referidas nos n.os 8 e 10 do art. 40.º, a licença é gozada pela mãe (n.º 11 do mesmo artigo).

[73] Relativamente ao subsídio de refeição, a Comissão para a Igualdade no Trabalho e no Emprego, que outrora defendeu o seu pagamento durante a licença parental (na altura, designada de licença por maternidade – cfr. Parecer n.º 35/CITE/2000), parece ter infletido a sua posição – cfr. Parecer n.º 58/CITE/2015. No que se refere ao reflexo que o gozo da licença parental pode assumir em diversas modalidades de prémios, cfr., entre outros, os Pareceres n.os 336/CITE/2013, 94/CITE/2015 e 560/CITE/2017, todos disponíveis para consulta em www.cite.gov.pt, bem como o disposto no artigo 35.º-A, n.º 2, do CT.

1 de maio, Corpo de Deus, 10 de junho, 15 de agosto, 5 de outubro, 1 de novembro, 1, 8 e 25 de dezembro) e 2 feriados facultativos (terça-feira de Carnaval e o feriado municipal da localidade), aos quais não podem ser aditados quaisquer outros, fruto da imperatividade imposta pelo art. 236.º, n.º 2, do CT.

No caso prático em análise, Ana questiona-se se tem de regressar ao serviço no dia 25 de abril, o dia seguinte ao do 150.º dia de licença. O dia 25 de abril consta da lista dos feriados obrigatórios, prevista no n.º 1 do art. 234.º do CT.

- **Regime jurídico dos feriados obrigatórios**

Regime geral
Regime específico para os trabalhadores que prestam atividade em entidade não obrigada a encerrar/suspender a laboração
Aplicação à hipótese prática

Nos dias que constituem feriados obrigatórios todas as atividades que não sejam permitidas aos domingos têm de encerrar/suspender a laboração, o que faz com que os trabalhadores não prestem atividade laboral (art. 236.º, n.º 1, do CT).

Não obstante não haver prestação de atividade por parte dos trabalhadores, estes devem receber como se a tivessem prestado, sendo impedido ao empregador que compense esse período de inatividade retribuído com trabalho suplementar (art. 269.º, n.º 1, do CT).

Há, no entanto, que ter em linha de conta que existem empresas dispensadas de encerrar ao domingo e que, consequentemente, não estão obrigadas a encerrar/suspender a laboração nos feriados obrigatórios. Ora, como a paralisação da atividade laboral, nos feriados, é resultado da suspensão da atividade empresarial, por parte dos empregadores, e não propriamente de um direito dos trabalhadores ao descanso[74], para aqueles que trabalham para empresas que não estão obrigadas a encerrar nos feriados obrigatórios, estes dias constituem dias normais de trabalho.

[74] Assim, Fernandes (2017, p. 458), Ramalho (2016, p. 438) e Martinez (2017, p. 575).

O legislador não esqueceu, contudo, a especial penosidade que impende sobre estes trabalhadores, que ficam privados de comemorar/celebrar os dias festivos em causa, trabalhando quando a maioria está dispensada de o fazer[75]. Tendo isso em mente, a lei atribui a estes trabalhadores uma compensação pelo trabalho prestado nesse dia: ou um acréscimo de 50% na retribuição correspondente, ou descanso compensatório de metade do número de horas de trabalho prestado, cabendo a escolha ao empregador (art. 269.º, n.º 2, do CT).

Assim, na hipótese *sub judice,* se se vier a concluir que Ana tem de regressar ao serviço no dia seguinte ao do termo da licença parental inicial, como trabalha em empresa que funciona em laboração contínua, o dia 25 de abril é um dia normal de trabalho para ela, embora recompensado com acréscimo retributivo de 50% ou com descanso compensatório de metade do número de horas de trabalho prestado, consoante escolha da sociedade X.

FÉRIAS

- **Aquisição, vencimento e gozo**

Regime geral
Impedimento prolongado com fim em ano diferente do do seu início
Regime especial parentalidade
Aplicação à hipótese prática

Já atrás tivemos oportunidade de referir que o direito a férias se adquire com a celebração do contrato de trabalho.

Regra geral, o direito a férias reporta-se ao trabalho prestado no ano anterior e vence-se no dia 1 de janeiro de cada ano civil, num montante mínimo de 22 dias úteis (art. 237.º, n.ºs 1 e 2, e art. 238.º, n.º 1, do CT).

Em princípio, o vencimento do direito a férias não depende da assiduidade ou efetividade de serviço (art. 237.º, n.º 2, do CT). O legislador regula, em específico, as ausências que perturbam o direito a férias do

[75] Muito embora não se trate de trabalho suplementar, pode ver-se como "trabalho a mais" – cfr. Carvalho (2004, p. 120).

trabalhador. Fora desses casos, que de seguida referiremos, as ausências do trabalhador ao serviço não afetam o seu direito a férias.

As situações de impedimento prolongado (prazo superior a 30 dias) que cessa em ano posterior ao do seu início repercutem-se no direito a férias do trabalhador. Nestes casos, o trabalhador terá o seu contrato de trabalho suspenso no dia 1 de janeiro do ano civil (data prevista para o seu vencimento), pelo que não ocorre o vencimento do direito a férias. Para estas hipóteses, o legislador prevê um regime especial: o trabalhador terá direito a férias nos termos dos n.os 1 e 2 do art. 239.º do CT (art. 239.º, n.º 6, do CT). Isto significa que, quando regressa ao serviço, o trabalhador terá direito a 2 dias úteis de férias por cada mês de duração do contrato, até ao limite máximo de 20 dias, que pode gozar após 6 meses completos de execução do contrato[76].

Sucede, porém, que todas as ausências enumeradas no n.º 1 do art. 65.º do CT equivalem a trabalho efetivamente prestado, pelo que o regime previsto no n.º 6 do art. 239.º não lhes é aplicável[77].

Por conseguinte, no caso em análise, as ausências ao serviço de Ana, no ano passado, não afetam o vencimento de 22 dias úteis de férias no dia 1 de janeiro do presente ano. Para além de, como vimos, o n.º 2 do art. 237.º ditar que o direito a férias não depende da assiduidade ou efetividade de serviço (o que seria o bastante para as faltas para assistência inadiável e imprescindível ao filho de 3 anos não afetarem o direito a férias, apesar de estas serem equiparadas a trabalho efetivo), o período de ausência prolongada resultante do gozo da licença parental inicial, de 150 dias, também não perturba o normal vencimento de férias no dia 1 de janeiro, uma vez que este período de tempo equivale a trabalho efetivamente prestado. Este período de férias será marcado e retribuído nos termos gerais dos arts. 241.º e 264.º do CT[78].

[76] Se o ano civil terminar antes de decorrido o prazo de 6 meses, as férias devem ser gozadas até 30 de junho do ao subsequente (n.º 2 do art. 239.º do CT).

[77] A propósito desta matéria, cfr. Pareceres n.os 20/CITE/2012 e 185/CITE/2013, disponíveis para consulta em www.cite.gov.pt.

[78] Consagra o art. 264.º, n.os 1 e 2, do CT, que durante as férias o trabalhador recebe uma retribuição e um subsídio de férias: a retribuição corresponde àquilo que o trabalhador receberia se estivesse em serviço efetivo (tem-se entendido, no entanto, que parcelas como o subsídio de refeição, que normalmente não integram a retribuição, sendo contrapartida de custos acrescidos que o trabalhador tem por ir trabalhar, não estão englobadas na retribuição das férias – cfr., entre outros, Amado (2018, p. 244, nota 253), Ramalho (2016, p. 458),

- **Alteração do período de férias marcado por motivo relativo ao trabalhador**

Regime geral
Regime específico para o caso de licença parental
Aplicação à hipótese prática

Pode acontecer que, na altura em que deveria iniciar o gozo das férias marcadas, o trabalhador esteja impedido de o fazer. O art. 244.º do CT determina que, caso tal aconteça em virtude de doença ou outro facto que não lhe seja imputável, o gozo das férias não se inicia, ou suspende-se, desde que haja comunicação do impedimento ao empregador (n.º 1). O trabalhador terá direito a, quando regressar ao serviço, gozar os dias de férias de que não pôde usufruir, devendo os mesmos ser marcados por acordo ou, na falta deste, pelo empregador, em qualquer período do ano (n.º 2). Na eventualidade de ser impossível o gozo dessas férias até ao final do ano civil em causa, poderão as mesmas ser gozadas até 30 de abril do ano civil subsequente, ou ser pagas em dinheiro, sempre acompanhadas do respetivo subsídio (n.º 3).

O impedimento do trabalhador pode estar relacionado com o facto de ele estar a gozar licença parental no momento em que as férias estavam agendadas. Se assim for, o regime do art. 244.º do CT é afastado pela norma do art. 65.º, n.º 3, al. *a)*, do CT, segundo a qual a licença parental, em qualquer das modalidades, suspende o gozo das férias, devendo os dias remanescentes ser gozados após o seu termo, mesmo que tal se verifique no ano seguinte[79].

Martinez (2017, p. 586), e Lambelho e Gonçalves (2017, p. 184), pelo que no nosso caso corresponderá a €1850,00 (€1500,00 da retribuição base + €350,00) de subsídio de turno; o subsídio de férias compreende a retribuição base e outras prestações retributivas que sejam contrapartida do modo específico da execução do trabalho, correspondentes à duração mínima das férias, o que na nossa hipótese prática equivalerá, igualmente, a €1850,00 – retribuição base + subsídio de turno). Sobre as parcelas retributivas que estão compreendidas no subsídio de férias, cfr., entre outros, Gomes (2007, pp. 780-781), Amado (2018, p. 245), Ramalho (2016, pp. 459-460), Fernandes (2017, pp. 457-458), Martinez (2017, pp. 586-587), e Lambelho e Gonçalves (2017, p. 183).

[79] A este propósito, cfr. Acórdão do TRP, de 11 de maio de 2015, Processo n.º 571/14.4T8MTS.P1, disponível in www.dgsi.pt

Regressando ao nosso caso, Ana tinha 15 dias úteis de férias agendados para dezembro, cujo gozo não chegou a ocorrer porque no dia 26 de novembro iniciou o gozo de 150 dias consecutivos de licença parental inicial. Aplicando o previsto no art. 65.º, n.º 3, al. *a)*, do CT, esses 15 dias úteis de férias devem ser gozados no final dos 150 dias de licença parental inicial.

CONCLUSÃO

Respondendo agora muito diretamente às questões a que nos propusemos dar resposta, diremos que:

1) *As ausências ao serviço de Ana, no ano passado: geram perda da retribuição pelo período correspondente; não afetam o vencimento de 22 dias úteis de férias no dia 1 de janeiro; adiam o gozo dos 15 dias úteis de férias não gozados em dezembro para os 15 dias úteis imediatamente subsequentes ao do gozo da licença parental inicial;*
2) *O dia do regresso ao serviço de Ana, após a licença parental inicial, não será, portanto, o dia 25 de abril, não pelo facto de este dia ser feriado obrigatório (pois Ana tem de trabalhar nos dias assim qualificados) mas porque, como referimos na al. anterior, quando terminar os 150 dias de licença, Ana irá gozar 15 dias úteis de férias antes de regressar ao serviço.*

Luísa Andias Gonçalves
Prof.ª Adjunta da ESTG – Instituto Politécnico de Leiria

BIBLIOGRAFIA

Amado, João Leal (2018). Contrato de trabalho – noções básicas. 2.ª ed. Coimbra: Almedina.

Carvalho, António Nunes (2004). Duração e organização do tempo de trabalho no Código do Trabalho. In António Moreira e Teresa Moreira (Coord.), *Memórias do VI Congresso Nacional de Direito do Trabalho* (pp. 95-121). Coimbra: Almedina.

FERNANDES, António Monteiro (2017). Direito do Trabalho. 18.ª ed. Coimbra: Almedina.

GOMES, Júlio (2007). Direito do Trabalho: Volume I – As relações individuais de trabalho. Coimbra: Coimbra Editora.

LAMBELHO, Ana e GONÇALVES, Luísa Andias (2017). Direito do Trabalho: Da teoria à prática. Lisboa: Rei dos Livros.

LEITE, Jorge (1978). As faltas ao trabalho no Direito do Trabalho português. *Revista de Direito e Economia*, Ano IV, n.º 2, julho-dezembro, 417-446.

MARTINEZ, Pedro Romano (2017). Direito do Trabalho. 8.ª ed. Coimbra: Almedina.

RAMALHO, Maria do Rosário Palma (2016). Tratado de Direito do Trabalho: Parte II. 6.ª ed. Coimbra: Almedina.

Tempo de Trabalho | Isenção de Horário de Trabalho | Trabalho Suplementar | Trabalho Noturno

A empresa "Martins & Bello, Ld.ª" emprega 42 trabalhadores, em dois estabelecimentos de diversão noturna, um sito em Albufeira e outro sito em Vilamoura. O Bernardo foi contratado como gerente destes estabelecimentos em 1 de maio de 2010, com o vencimento mensal de base de 2.100,00 euros, a que acrescem 520,00 euros de isenção de horário de trabalho, beneficiando, ainda, de um veículo automóvel para as suas deslocações em serviço.

O Bernardo acordou num período normal de trabalho diário de 8 horas, de quarta a domingo, num total de 40 horas por semana, tendo como dias de descanso, as segundas e terças-feiras, dias em que os estabelecimentos estão encerrados. Tendo o Bernardo um cargo de confiança e que implica muitas deslocações entre os estabelecimentos, acordaram que o trabalhador iria beneficiar de uma isenção de horário de trabalho (não obstante se ter indicado o referido período horário normal de trabalho, de 8 horas, por dia, e de 40 horas, por semana, bem como o horário indicativo das 22:00 horas às 2:00 horas, e das 3:00 às 7:00 horas).

Imagine que:

a) A entidade empregadora solicita a Bernardo que, em duas terças-feiras do mês de agosto, vá trabalhar e este se recusa;

b) Bernardo alega que estão a ser violados os seus direitos legais por não ter nenhum acréscimo remuneratório por prestar trabalho noturno. Quid iuris?

ENQUADRAMENTO DA FACTUALIDADE

- **Identificação das figuras jurídicas em causa**

Tempo de trabalho
Isenção de horário de trabalho
Trabalho suplementar
Trabalho noturno

Na factualidade acima descrita podemos identificar quatro figuras jurídicas diferentes: tempo de trabalho; isenção de horário de trabalho; trabalho suplementar; e trabalho noturno. Todas estas figuras se integram na organização do tempo de trabalho, que impende sobre o empregador e que deve ser contratualmente fixada, de modo a permitir ao trabalhador conciliar a sua vida profissional com a vida pessoal/familiar.

De acordo com o art. 197.º, n.º 1, do Código do Trabalho (doravante designado de CT): *considera-se tempo de trabalho qualquer período durante o qual o trabalhador exerce a atividade ou permanece adstrito à realização da prestação, bem como as interrupções e os intervalos previstos no artigo seguinte.* Além do período normal de trabalho, no contrato deve ser estabelecido o período de descanso semanal do trabalhador, bem como os intervalos de descanso entre dois períodos de laboração, de modo a permitir a recuperação física e psíquica dos trabalhadores.

Em cumprimento do estatuído no art. 59.º, n.º 1, al. *d)*, e n.º 2, al. *b)*, da CRP, que declara um direito constitucional à limitação da jornada de trabalho, bem como ao descanso semanal e a férias periódicas pagas, o legislador nacional definiu limites para as jornadas de trabalho nos arts. 198.º, 200.º e 203.º do CT.

Mais determinou que, todo o trabalho executado para além do limite máximo diário, em dia normal de trabalho, ou em dia de descanso, deve ser considerado como trabalho suplementar, conferindo ao trabalhador direito a uma remuneração adicional.

Nos casos em que o trabalhador é contratado para exercer um cargo de direção, administração, ou de confiança ou, mesmo naqueles em que os trabalhos a executar são preparatórios ou complementares e não possam ser executados dentro dos limites do horário de trabalho, empregador e trabalhador podem, por acordo escrito, isentar o trabalhador de horário, numa das seguintes modalidades previstas no art. 219.º do CT:

a) Não sujeição aos limites máximos do período normal de trabalho;
b) Possibilidade de determinado aumento do período normal de trabalho, por dia ou semana;
c) Observância do período normal de trabalho acordado.

Ainda que o trabalhador esteja isento de horário de trabalho, não fica prejudicado no seu direito a dia de descanso semanal, obrigatório ou complementar, a feriado ou a descanso diário[80].

Ora, no caso em apreço, encontramos a indicação do período normal de trabalho diário de 8 horas, com início indicativo às 22.00 horas e termo às 7.00 horas do dia seguinte, período este intervalado por uma hora de descanso, num total de 40 horas semanais, cumprindo-se, assim, os limites máximos fixados no artigo 203.º do citado diploma legal. Tendo sido acordada uma isenção de horário de trabalho, uma vez que o Bernardo exerce um cargo de confiança e tem que se deslocar entre dois estabelecimentos diferentes, o que dificultaria o controlo do cumprimento de um horário muito rígido, terá uma isenção na modalidade de manutenção do número de horas a executar, muito embora não tenha que ser respeitado, de forma rígida, o horário que, não obstante, se indicou. Apesar disso, o trabalhador terá direito ao gozo do descanso semanal, obrigatório ou complementar, de feriado e do descanso diário (art. 219.º, n.º 1, al. *c)* e n.º 3, do CT).

O Bernardo tem definido um período normal de trabalho, o que significa que lhe foi determinado o número de horas, diárias e semanais, concedendo-se a possibilidade de fazer oscilar o início e o termo da sua prestação, de acordo com as necessidades de funcionamento dos estabelecimentos.

Assim sendo, o Bernardo reúne as condições para beneficiar de uma isenção de horário de trabalho, porquanto a empregadora entende que as tarefas a executar implicam um elevado grau de confiança a depositar no trabalhador, tendo que lhe permitir que, de acordo com as necessidades sentidas pelo próprio Bernardo, possa fazer oscilar o início e o termo de execução das tarefas para que foi contratado. O horário de trabalho que

[80] Art. 219.º, n.º 3, do CT.

deve indicar a hora de início e de fim da jornada laboral, não tem que ser cumprido, rigorosamente, pois o mesmo não terá que coincidir com o horário de funcionamento dos estabelecimentos que vai gerir.

A empregadora estabeleceu, contratualmente, um acréscimo remuneratório que está muito para além do disposto no art. 265.º, n.º 1, al. *b)*, do CT, que determina um valor correspondente a duas horas de trabalho suplementar por semana.

Quanto à hipótese apresentada na al. a), o Bernardo poderá recusar a prestação de trabalho solicitada pela empregadora, uma vez que a mesma recai sobre os dias de descanso do trabalhador?

E a hipótese que se coloca na alínea b), de o Bernardo alegar uma lesão dos seus direitos, devido ao não pagamento de um acréscimo pelo trabalho noturno que presta? Terá razão?

TRABALHO SUPLEMENTAR

É considerado como trabalho suplementar o prestado fora do horário de trabalho (artigo 226.º, n.º 1, do CT).

Porém, não será como tal considerado:

a) O prestado pelo trabalhador isento de horário de trabalho em dia normal de trabalho, sem prejuízo do disposto no n.º 2 da citada norma;
b) O prestado para compensar suspensão de atividade, independentemente da sua causa, de duração não superior a quarenta e oito horas, seguidas ou interpoladas por um dia de descanso ou feriado, mediante acordo entre o empregador e o trabalhador;
c) A tolerância de quinze minutos prevista no n.º 3 do art. 203.º do CT;
d) A formação profissional realizada fora do horário de trabalho que não exceda as duas horas diárias;
e) O trabalho prestado nas condições previstas na alínea *b)* do n.º 1 do art. 257.º;
f) O trabalho prestado para compensação de períodos de ausência ao trabalho, efetuada por iniciativa do trabalhador, desde que uma e outra tenham o acordo do empregador;

g) O trabalho prestado para compensar encerramento para férias previsto na alínea *b)* do n.º 2 do artigo 242.º do CT, por decisão do empregador.

Ao contrário do que é pensado pela generalidade dos trabalhadores, o trabalho suplementar que corresponde a uma necessidade pontual da empresa, que tenha que fazer face a acréscimo eventual e transitório de trabalho e que não justifique a admissão de trabalhador ou, nos casos de força maior, em que a prestação seja indispensável para prevenir ou reparar prejuízo grave para a empresa ou para a sua viabilidade, torna-se obrigatório para o trabalhador, tal como dispõe o artigo 227.º, n.º 3, do CT[81].

Partindo da regra da obrigatoriedade, terá que ser o trabalhador a solicitar a dispensa de prestação de trabalho, quando existam motivos atendíveis (artigo 227.º, n.º 3, do CT). Após a solicitação dessa dispensa, o trabalhador fica sujeito à discricionariedade do empregador, na apreciação do motivo alegado para obter a dispensa, e à espera pela resposta do empregador, ao pedido que formulou.

Nos casos em que a prestação de trabalho suplementar é expressamente solicitada pelo empregador, tal como acontece no caso *sub judice*, o trabalhador tem direito a ser pago pelo valor da retribuição horária, com os acréscimos referidos no artigo 268.º, n.º 1, do CT[82].

Assim, o Bernardo não poderá recusar a prestação de trabalho solicitado pela empregadora, ainda que o mesmo recaia num dia de descanso do trabalhador, uma vez que configura uma necessidade da empresa. Só no caso em que o Bernardo solicitasse a dispensa por motivo atendível e a mesma fosse deferida podia desobrigar o trabalhador da execução das tarefas a que está, contratualmente, vinculado.

No caso prático em análise, o pedido da empregadora é determinado por uma exigência imperiosa de funcionamento nos dias solicitados, o que terá um grande impacto económico na mesma, não sendo referido

[81] Veja-se, contudo, o disposto nos arts. 59.º, 75.º e 88.º do CT, que estabelecem regimes especiais para algumas categorias de trabalhadores, como por exemplo os menores ou as grávidas.

[82] O artigo 268.º vem determinar que o trabalho suplementar é pago pelo valor da retribuição horária com os seguintes acréscimos: 25% pela primeira hora ou fração desta e 37,5% por hora ou fração subsequente, em dia útil; 50% por cada hora ou fração, em dia de descanso semanal, obrigatório ou complementar, ou em feriado.

que Bernardo tem motivo atendível para solicitar a dispensa de trabalho suplementar.

Assim sendo, o Bernardo terá direito a receber um acréscimo remuneratório, por prestação de trabalho suplementar que se calcula do seguinte modo:

1.º) Determinação da remuneração horária – artigo 271.º, n.º 1, por aplicação da fórmula:

(Rmx12) / (52x40 horas semanais)
(2.100 x 12) / (52x40) = 12,11 euros

2.º) Sabendo que o trabalho a ser prestado pelo Bernardo é em dias de descanso semanal, tem que beneficiar do acréscimo de 50%, o que irá determinar um recebimento do valor de 18,16 euros/hora, que perfaz um valor diário de 102,93 euros.

Para além do acréscimo remuneratório, há ainda que equacionar o direito ao descanso compensatório previsto no n.º 4 do art. 229.º do CT.

TRABALHO NOTURNO

Considera-se trabalho noturno o prestado entre as 22 horas de um dia e as 7 horas do dia seguinte, a não ser que algo de diverso se estabeleça por irct e sejam cumpridas as seguintes regras:

i) O período definido tenha a duração mínima de 7 horas e máxima de 11 horas;
ii) O período definido compreenda o intervalo entre as 0 e as 5 horas.

Apesar de todo o trabalho prestado no período de trabalho noturno ser considerado trabalho noturno, nem todos os que prestam trabalho nesse período são considerados trabalhadores noturnos[83].

Para ser qualificado como um trabalhador noturno, este tem que prestar, pelo menos, três horas de trabalho normal noturno em cada dia ou que efetuar durante o período noturno parte do seu tempo de trabalho anual correspondente a três horas por dia, ou outra definida em IRCT – art. 224.º, n.º 1, do CT.

[83] Correia (2016).

Mais se determina que o trabalho noturno é pago com acréscimo de 25% relativamente ao pagamento de trabalho equivalente prestado durante o dia, o que decorre de uma maior penosidade que está associada ao trabalho executado durante a noite, que se relaciona com o período de descanso.

Porém, o legislador vem excecionar este acréscimo remuneratório, em atividades que sejam exercidas exclusivamente ou predominantemente durante o período noturno, designadamente espetáculo ou diversão pública, bem como nos casos de atividade que, pela sua natureza ou por força da lei, deva funcionar à disposição do público durante o período noturno, designadamente, empreendimentos turísticos, estabelecimentos de restauração e bebidas, entre outros.

Nestes casos, em que, pela própria natureza das tarefas, as mesmas têm que ser executadas em período noturno (uma vez que as mesmas não podem funcionar em regime diurno), não é conferido ao trabalhador nenhum acréscimo remuneratório, sendo o valor devido o acordado contratualmente.

Assim sendo, a pretensão do Bernardo não pode ser atendida, uma vez que a atividade que desenvolve está, intrinsecamente, ligada a um estabelecimento de diversão noturna, tendo sido fixado, desde o início do contrato, um horário noturno e, naturalmente, determinado um valor remuneratório que já tem em atenção a penosidade e natural desgaste de trabalhar à noite.

Se o Bernardo aceitou as condições contratuais, não pode, legitimamente, vir invocar uma lesão dos seus interesses, porquanto executa uma atividade que só pode ser levada a termo em período noturno.

Ainda que pretendesse resolver o contrato com justa causa, por alegada lesão dos seus interesses patrimoniais, a mesma não ocorre e apenas iria possibilitar uma impugnação judicial, por iniciativa da empregadora, de modo a ver declarada a ilicitude da mesma.

CONCLUSÃO

Respondendo agora muito diretamente às questões a que nos propusemos dar resposta, diremos que:

1) *O Bernardo não se pode, legitimamente, recusar a prestar trabalho suplementar, nos dias solicitados pela empregadora, caso essa necessidade decorra de uma viabilidade económica do estabelecimento, decorrente de realização de um evento, que aporta grande encaixe económico;*
2) *O Bernardo não poderá invocar uma lesão patrimonial que decorre de falta de pagamento do acréscimo, uma vez que a atividade para que foi contratado só decorre em período noturno e ele beneficia de um acréscimo relativo à isenção de horário que foi acordado com a empregadora e reduzido a escrito.*

PAULA ALEXANDRA ALMEIDA
Prof.ª Adjunta da ESGT, do Instituto Politécnico de Tomar

BIBLIOGRAFIA

AMADO, João Leal (2018). *O Contrato de Trabalho – Noções Gerais.* 2.ª edição. Coimbra: Almedina.

GONÇALVES, Luísa Andias & LAMBELHO, Ana (2017). *Direito do Trabalho – da Teoria à Prática.* 1.ª edição. Lisboa: Editora Rei dos Livros.

BARROSO, Carlos (2005). *Manual Prático de Direito do Trabalho.* 2.ªedição. Lisboa: Áreas Editora.

CORREIA, António Damasceno (2016). *Manual de Relações Laborais.* 1.ª edição. Lisboa: Lidel Editora.

LEITE, Jorge (1998). *Direito do Trabalho.* Vol. II, Coimbra: Serviços de Acção Social da UC.

Horário de Trabalho | Regime Especial Parentalidade

Maria foi admitida por contrato de trabalho sem termo celebrado em janeiro de 2015, para exercer as funções correspondentes à categoria de empregada de balcão ao serviço da sociedade comercial XPTO, Lda, que se dedica à atividade de restauração. A referida sociedade tem ao seu serviço mais duas trabalhadoras com funções e categorias idênticas à da trabalhadora Maria, embora com mais antiguidade que esta.

As três trabalhadoras ao serviço do empregador preenchem o período de funcionamento do estabelecimento, que funciona diariamente entre as 7.30 e as 23.00 horas.

De entre outros elementos, consta do contrato de trabalho que Maria aufere a título de remuneração mensal o salário mínimo nacional e que o seu horário de trabalho se compreende entre as 9.00 e as 13.00 horas e as 14.00 e as 18.00 horas, de segunda a sexta-feira.

Maria recebeu uma ordem escrita do empregador no sentido de alterar o seu horário de trabalho para o período compreendido entre as 14.00 e as 18.00 horas e as 19.00 e as 23.00 horas, ordem essa, justificada pela conveniência e necessidade do empregador na organização dos tempos de trabalho das trabalhadoras ao seu serviço.

1. Poderia o empregador a proceder à alteração do horário nos termos referidos?

HORÁRIO DE TRABALHO

O horário de trabalho consiste na determinação das horas de início e de termo do período normal de trabalho diário e do intervalo de descanso, bem como do descanso semanal, conforme a noção constante do n.º 1 do art. 200.º do Código do Trabalho (doravante designado de CT).

Compete ao empregador, dentro do seu poder de direção, determinar o horário de trabalho dos trabalhadores ao seu serviço, dentro dos limites da lei e do regime do período de funcionamento aplicável, nos termos do n.º 1 do art. 212.º do CT.

Do horário de trabalho fixado ao trabalhador terá de constar o intervalo de descanso e o descanso diário fixado nos termos previstos nos arts. 213.º e 214.º do CT.

Quanto ao intervalo de descanso, o n.º 1 do art. 213.º prevê que o período de trabalho diário deve ser interrompido por um intervalo de descanso, de duração não inferior a uma hora nem superior a duas, de modo a que o trabalhador não preste mais de cinco horas de trabalho consecutivo, ou seis, caso aquele período seja superior a 10 horas. Para a generalidade dos trabalhadores, este intervalo de descanso coincide com a interrupção da prestação de trabalho à hora do almoço, embora a lei admita que dos Instrumentos de Regulamentação Coletiva do Trabalho (IRCT) possa constar regime distinto por ser mais adequado à atividade ou ao setor em questão, conforme previsto no n.º 2 do art. 213.º do CT.

Admite ainda o n.º 3 do mesmo artigo, que mediante requerimento do empregador com a declaração de concordância do trabalhador abrangido, da comissão de trabalhadores e do sindicato que representa o trabalhador, pode a Autoridade para as Condições do Trabalho, autorizar a redução ou a exclusão do intervalo de descanso, quando isso se mostre favorável ao interesse do trabalhador ou se justifique pelas condições particulares de trabalho de certas atividades. Todavia, nesta situação, não poderá o trabalhador prestar mais de seis horas de trabalho de consecutivo, com exceção das atividades enunciadas no n.º 5 do art. 213.º do CT[84].

[84] As exceções previstas respeitam a atividades de pessoal operacional de vigilância, de transporte e tratamento de sistemas eletrónicos de segurança, indústrias em que o processo de laboração não possa ser interrompido por motivos técnicos e ainda quando os trabalhadores ocupem cargos de administração e de direção e outras pessoas com poder de decisão autónomo que estejam isentos de horário de trabalho.

O horário de trabalho elaborado pelo empregador tem ainda de respeitar os limites do descanso diário de cada trabalhador ao seu serviço, previsto no n.º 1 do art. 214.º do CT. Em conformidade com o previsto nesse artigo, o trabalhador entre o fim de uma jornada de trabalho e o início da seguinte, tem direito a um período de descanso de pelo menos onze horas seguidas. O disposto nesta norma não se aplica às situações previstas nas als. *a)* a *d)* do n.º 2[85].

No momento da elaboração do horário de trabalho, o empregador está igualmente obrigado a respeitar a segurança e saúde do trabalhador, a facilitar a conciliação da vida laboral com a vida familiar, bem como a facilitar a frequência de curso escolar ou de formação técnica ou profissional, conforme o estatuído nas als. *a)* a *c)* do n.º 2 do art. 212.º do CT. O incumprimento do previsto nestas normas constitui uma contraordenação grave.

ELABORAÇÃO DO MAPA DE HORÁRIO DE TRABALHO E RESPETIVA AFIXAÇÃO

Sobre o empregador impendem também obrigações de caráter administrativo relativas ao horário de trabalho, designadamente as previstas nos arts. 215.º e 216.º do CT.

Cabe ao empregador a elaboração do mapa de horário de trabalho, tendo em conta as normas do CT e dos IRCT. Do referido mapa devem constar as seguintes menções: firma ou denominação do empregador; atividade exercida; sede e local de trabalho dos trabalhadores a que o horário respeita; início e termo dos períodos normais de trabalho, dia de encerramento, se houver; horas de início e termo dos períodos normais

[85] Trabalhador que ocupe cargo de administração ou de direção ou com poder de decisão autónomo, que esteja isento de horário de trabalho; quando seja necessária a prestação de trabalho suplementar, por motivo de força maior, ou por ser indispensável para reparar ou prevenir prejuízo grave para a empresa ou para a sua viabilidade devido a acidente ou risco de acidente iminente; quando o período normal de trabalho seja fracionado ao longo do dia com fundamento em característica da atividade, nomeadamente em serviços de limpeza; Em atividade caracterizada pela necessidade de assegurar a continuidade do serviço ou da produção; e nos casos previstos nas alíneas *a)* e *b)* aqui referidas, entre dois períodos diários de trabalho consecutivos deve ser observado um período de descanso que permita a recuperação do trabalhador.

de trabalho e intervalos de descanso; dia de descanso semanal obrigatório e descanso semanal complementar, se existir; IRCT, se houver; regime resultante do acordo que institua horário de trabalho em regime de adaptabilidade, se existir. Deve ainda conter o regime de turnos, caso exista, a respetiva composição e a escala de rotatividade.

A violação do estatuído nesta norma constitui contraordenação grave, cfr. o n.º 5 do art. 215.º CT.

Além da elaboração do mapa de horário de trabalho com respeito pelo previsto nos n.os 1 a 4 do art. 215.º do CT, compete ao empregador afixar o mapa de horário de trabalho. A este propósito, dispõe o art. 216.º do CT, que o aludido mapa tem de estar afixado de forma bem visível no local de trabalho a que respeita, constituindo contraordenação leve a não afixação do mapa de horário de trabalho.

A matéria relativa ao tempo de trabalho constitui um dos temas mais difíceis na execução do contrato de trabalho, existindo, em regra, perspetivas antagónicas das duas partes (trabalhador e empregador) sobre o tema do tempo de trabalho[86]. Naturalmente, o empregador pretende rentabilizar o tempo de trabalho como forma de potenciar a atividade económica que desenvolve, e o trabalhador, as mais das vezes, encara essas mudanças como negativas e desfavoráveis para a sua família, para o seu descanso e para os seus tempos de lazer.

Para esta postura do trabalhador contribui também a maior disponibilidade que a legislação laboral atualmente lhe exige, e, que, como sabemos, se acentuou com a reforma da legislação laboral em 2012, através da Lei n.º 23/2012, de 25 de junho.

Não obstante, a fixação do tempo de trabalho reveste, nomeadamente para o trabalhador, particular importância, pois da determinação do horário de trabalho depende a organização da vida pessoal e familiar do trabalhador.

A maior parte das regras sobre o tempo de trabalho e, sobre o horário, que agora tratamos, encontram-se vertidas em normas de caráter imperativo, restringindo, designadamente, as possibilidades de alteração unilateral pelo empregador. Esta natureza imperativa das normas sobre alteração de horário é complementada com a obrigatoriedade de manu-

[86] Sobre o tempo de trabalho ver, entre outros, Acórdão da RP de 30 de maio de 2018, Processo n.º 18593/16.9T8 PRT.P1 e o Acórdão do STJ de 20 de junho de 2018, Processo n.º 641/15.1 T8 LSB..L1.S1, ambos disponíveis em *www.dgsi.pt*.

tenção de um registo de tempos de trabalho, art. 202.º do CT, e com a previsão de que as violações dessas normas constituem, em regra, contraordenações laborais graves, cominadas com as coimas mais elevadas, conforme o previsto nos arts. 548.º e ss. do CT.

PRESSUPOSTOS DE ALTERAÇÃO DO HORÁRIO DE TRABALHO

São diversos os pressupostos para alteração do horário de trabalho, nos termos previstos nos n.os 1 a 5 do art. 217.º do CT, a saber:

- Admissibilidade da alteração apenas quando estiverem preenchidos os pressupostos para a sua fixação;
- Obrigatoriedade de consulta aos trabalhadores envolvidos, comissão de trabalhadores, ou, na sua falta, à comissão sindical ou delegado sindical;
- Obrigatoriedade de comunicação da alteração com determinada antecedência mínima;
- Impossibilidade de alterar unilateralmente o horário de trabalho individualmente acordado;
- Necessidade de o empregador compensar economicamente o trabalhador do aumento de despesas que a alteração do horário implique.

Relativamente ao pressuposto da admissibilidade da alteração, esta apenas é possível quando estiverem preenchidos os pressupostos para fixação do horário, o que equivale ao cumprimento das normas suprarreferidas.

No que respeita à consulta aos trabalhadores envolvidos trata-se de um aspeto garantístico do regime.

Com efeito, apesar de ser uma mera consulta aos trabalhadores, ou aos seus representantes, e ser desprovida de caráter vinculativo para o empregador, é um mecanismo para alcançar o acordo das partes envolvidas na alteração do horário de trabalho.

Quanto à antecedência da realização das comunicações de alteração do horário de trabalho, a lei prevê que seja realizada com a antecedência mínima e afixada na empresa. Assim, terá de se fazer com sete dias de antecedência, ou, quando se trate de uma microempresa, com antecedência mínima de três dias relativamente ao início da sua aplicação.

Uma das regras mais relevantes nesta matéria consiste na impossibilidade de o empregador alterar unilateralmente o horário de trabalho que individualmente ajustou com o acordo do trabalhador.

O último aspeto a considerar resume-se na obrigatoriedade da assunção pelo empregador das despesas a que a alteração do horário determinar para o trabalhador.

CONCLUSÃO

Em face do exposto, o empregador apenas poderia alterar o horário de Maria, se respeitasse todos os aspetos que referimos.

Admita agora que Maria recebeu a ordem através de comunicação do empregador com a antecedência necessária, que a empresa assumia os custos da alteração do horário, e que esta lhe responde invocando que não aceita a mudança de horário de trabalho porque:

- ***não foi consultada sobre a pretendida mudança do seu horário de trabalho;***
- ***o empregador não poderia alterar unilateralmente o seu horário;***
- ***é mãe solteira de uma filha com seis anos de idade, vive sozinha com esta, e, como tal, pretende passar a executar o contrato de trabalho no regime de horário flexível, mantendo-se o horário fixado no contrato, entre as 9.00 e as 13.00 horas e as 14.00 e as 18.00 horas de segunda a sexta-feira.***

Em face dos argumentos invocados, assistirá razão a Maria?

Quanto ao primeiro argumento, a empresa em questão, dada a sua dimensão (microempresa), não dispõe de comissão de trabalhadores, nem comissão sindical ou intersindical, nem delegado sindical, não tendo consultado a trabalhadora envolvida.

A realização de consulta prévia aos trabalhadores é uma formalidade obrigatória para alteração dos horários de trabalho pelo empregador.

Todavia a lei limita-se a estabelecer que a falta de consulta do trabalhador constitui uma contraordenação grave, e que, apenas poderia produzir efeito útil, se Maria apresentasse queixa na Autoridade para as Condições do Trabalho, o que em nossa opinião não legitimava a trabalhadora a incumprir a ordem recebida apenas com a invocação desse fundamento.

No que respeita ao segundo argumento, Maria invocou que o empregador não poderia alterar unilateralmente o horário. A lei permite ao empregador a alteração unilateral do horário de trabalho, exceção feita aos horários entre ambos ajustados[87].

Ora, na situação em análise o horário de trabalho de Maria foi consigo acordado, constava do contrato de trabalho e era diferente dos demais trabalhadores da empresa, pelo que tendemos a considerar que não podia ser unilateralmente alterado, mesmo perante as necessidades relevantes de organização do tempo de trabalho invocadas pelo empregador.

No que respeita ao último argumento da trabalhadora, invocou que é mãe solteira de uma filha com seis anos de idade, e que como tal tem direito a executar o contrato de trabalho no regime de horário flexível.

Um dos princípios gerais que o empregador tem de considerar na elaboração ou alteração dos horários dos trabalhadores ao seu serviço é o cumprimento das regras relativas à parentalidade previstas no CT.

No caso em apreço, a trabalhadora não aceita a alteração de horário e reclama o direito a executar o seu contrato de trabalho em regime de horário flexível.

Está previsto no art. 56.º do CT o regime aplicável à prestação de trabalho em horário flexível por trabalhador com responsabilidades familiares[88]. No caso, Maria invoca ter uma filha de seis anos a viver consigo, sem o apoio do outro progenitor, o que reforça as suas necessidades familiares.

A execução dos contratos de trabalho está vinculada ao cumprimento do princípio da conciliação da vida familiar com a vida laboral, que sendo transversal a diversos aspetos da execução do contrato de trabalho, é especialmente relevante no âmbito do tempo de trabalho.

[87] Sobre alteração unilateral do horário de trabalho, ver, entre outros, Acórdão da RP de 20 de outubro de 2008, processo n.º 083391, Acórdão da RL de 4 de dezembro de 2013, processo n.º 1037/12.2 TTLSB.L1.4 disponíveis em *www.dgsi.pt*.

[88] A redação deste art. corresponde à que lhe foi dada pela Lei n.º 120/2015, de 1 de setembro, a qual teve em vista reforçar os direitos decorrentes da parentalidade. Em especial, introuziu no n.º 5 a garantia de que o trabalhador que opte por este regime não poderá ser penalizado em matéria de avaliação e de progressão na carreira.

Dispõe o art. 56.º, n.º 1, do CT, que o trabalhador com filho menor de 12 anos, ou independentemente da idade, com deficiência ou doença crónica que com ele viva em comunhão de mesa e habitação, tem direito a trabalhar em regime de horário flexível.

O n.º 2 da norma em referência apresenta o conceito de horário flexível como aquele em que o trabalhador pode escolher, dentro de certos limites, as horas de início e termo do período normal de trabalho diário.

Maria pretendia manter o seu horário de trabalho entre as 9.00 e as 13.00 horas e as 14.00 e as 18.00 horas de segunda a sexta feira.

De acordo com o previsto no n.º 3 do mesmo artigo, o horário flexível a elaborar pelo empregador deverá conter um ou dois períodos de presença obrigatória, com duração igual a metade do período normal de trabalho diário; deverá indicar os períodos para início e termo do trabalho normal diário, cada um com duração não inferior a um terço do período normal de trabalho diário, podendo esta duração ser reduzida na medida do necessário para que o horário se contenha dentro do período de funcionamento do estabelecimento; deverá estabelecer um período para intervalo de descanso não superior a duas horas. Nos termos do n.º 4, o trabalhador que trabalhe em regime de horário flexível pode efetuar até seis horas consecutivas de trabalho e até dez horas de trabalho em cada dia e deve cumprir o correspondente período normal de trabalho semanal, em média de cada período de quatro semanas.

CONCLUSÃO

Em conclusão, consideramos que, em face dos argumentos invocados, assistia à trabalhadora o direito a executar o seu contrato em regime de horário flexível, não obstante existir um conflito manifesto entre os interesses do empregador e os do trabalhador neste aspeto particular da execução do contrato de trabalho.

E se o empregador recusasse a pretensão de Maria invocando exigências relevantes do funcionamento da empresa, designadamente que, apenas dispõe de mais duas trabalhadoras, que estão a assegurar em horários diferentes o período de funcionamento diário do estabelecimento, entre as 7.30 e as 23.00 horas, e que, como tal, não poderia dar cumprimento à pretensão da trabalhadora.

Quid Iuris?

Quando o trabalhador pretende trabalhar no regime de trabalho flexível, e cumpre as formalidades previstas no n.º 1 do art. 57.º do CT, o empregador apenas pode recusar o pedido com fundamento em exigências imperiosas do funcionamento da empresa, ou na impossibilidade de substituir o trabalhador se este for indispensável.

Após o pedido, o empregador dispõe de 20 dias a contar da data da sua receção para comunicar, por escrito, a sua decisão ao trabalhador.

Se o empregador pretender recusar o pedido do trabalhador para trabalhar no regime de horário flexível, indicará o fundamento da recusa. O trabalhador tem a possibilidade de responder, agora no prazo de cinco dias contados da receção da comunicação do empregador, conforme o previsto nos n.ºs 2 e 3 do art. 57.º do CT.

Sempre que o empregador pretenda recusar a pretensão do trabalhador, deverá, nos cinco dias seguintes após a receção da resposta do trabalhador, enviar o processo para a entidade com competência em matéria de igualdade de oportunidades entre homens e mulheres (CITE – Comissão para a Igualdade no Trabalho e no Emprego), remetendo o pedido do trabalhador, a sua resposta com a intenção de recusar e a apreciação do trabalhador.

Neste caso, a CITE, notificará o empregador do parecer proferido no prazo de 30 dias. Esse parecer considera-se favorável à intenção do empregador, se não for emitido dentro daquele prazo, nos termos dos n.ºs 5 e 6 do mesmo art. 57.º do CT.

Se o parecer da CITE for desfavorável à pretensão do empregador, este só pode recusar o pedido do trabalhador após decisão judicial que reconheça a existência de motivo justificativo – n.º 7 do art. 57.º do CT[89].

O n.º 8 do art. em referência estabelece que o empregador aceita o pedido nos exatos termos em que o trabalhador lho dirigiu, se: não comunicar a intenção de recusa no prazo de 20 dias após a receção do pedido; se, tendo comunicado a intenção de recusa, não informar o trabalhador da decisão nos cinco dias seguintes à notificação ou do fim do prazo estabelecido no n.º 6; se, não submeter o processo à apreciação da entidade competente na área da igualdade de oportunidades entre homens e mulheres no prazo previsto no n.º 5.

[89] Os pareceres da CITE podem ser consultados em *www.cite.gov.pt*.

A recusa do empregador fora dos casos previstos na lei, a falta de resposta ao trabalhador no prazo previsto, a falta de envio do processo para a CITE e a recusa do empregador sem decisão judicial que reconheça a existência de motivo justificativo, constituem contraordenações graves – n.º 10 do art. 57.º do CT.

CONCLUSÃO

No caso em apreço, não vemos viabilidade na argumentação do empregador para não conceder o pedido da trabalhadora de executar o seu contrato de trabalho em regime de horário flexível.

Com efeito, em face da proteção concedida atualmente aos trabalhadores em sede de parentalidade, e encontrando-se a trabalhadora Maria em condições de beneficiar desse direito, teria de se lhe ser facultado o acesso ao horário flexível.

O empregador invocou que apenas dispõe de mais duas trabalhadoras ao seu serviço, trabalhadoras essas, que estão a assegurar em horários diferentes o período de funcionamento diário do estabelecimento, entre as 7.30 e as 23.00 horas.

Não obstante a relevância do argumento do empregador, e até das consequências económicas que podem advir para a empresa, nomeadamente se for necessário admitir novo trabalhador, cremos que, nesta situação de conflito de interesses, se sobrepõe a tutela da proteção da parentalidade da trabalhadora.

Também não é decisiva a argumentação de que as outras duas trabalhadoras da empresa são mais antigas.

Importa, no entanto, frisar que, para que o pedido da trabalhadora seja atendível, deve solicitá-lo por escrito ao empregador, com antecedência de 30 dias e com a indicação do prazo previsto e declaração de onde conste que o menor vive com ela em comunhão de mesa e habitação.

A lei nada refere sobre as consequências do incumprimento destas formalidades pelo trabalhador, tendo atribuído especial importância às questões de substância, que se sobrepõem àquelas.

Helena Salazar
Professora Adjunta no Instituto Superior de Contabilidade e Administração do Porto, do Instituto Politécnico do Porto; Advogada

BIBLIOGRAFIA

AMADO, João Leal (2014). *Contrato de Trabalho,* 4.ª ed. Coimbra: Coimbra Editora.

FERNANDES, António Monteiro (2017). *Direito do Trabalho,* 18.ª ed. Coimbra: Almedina.

GOMES, Júlio Manuel Vieira Gomes (2007). *Direito do Trabalho,* Vol. I. Relações Individuais de Trabalho. Coimbra: Coimbra Editora.

MARTINEZ, Pedro Romano (2017). *Direito do Trabalho,* 8.ª ed. Coimbra: Almedina.

RAMALHO, Maria do Rosário Palma (2016). *Tratado de Direito do Trabalho – Parte II – Situações Laborais Individuais,* 6.ª ed. Coimbra: Almedina.

Insolvência e Garantias da Retribuição

Anabela e Belmira foram admitidas ao serviço da sociedade X para desempenhar as funções inerentes à categoria profissional de rececionista e tradutora, respetivamente.

Desde o início da execução do contrato, Anabela desempenhou as suas funções na sede da sua entidade empregadora, cujas instalações são propriedade da mesma, enquanto Belmira sempre exerceu a sua atividade na sua residência, em regime de teletrabalho.

Na vigência da relação laboral, X foi declarada insolvente, por sentença transitada em julgado, tendo o Administrador da Insolvência nomeado feito cessar de imediato os contratos de trabalho de Anabela e Belmira, por força do encerramento definitivo da empresa.

Na data da cessação dos contratos de trabalho, as trabalhadoras não haviam ainda recebido a retribuição referente aos dois últimos meses de trabalho prestado, bem como o subsídio de Natal já vencido.

Suponha que é consultado por Anabela e Belmira que, face à insolvência da sua entidade empregadora, pretendem saber se e como poderão receber os seus créditos salariais em dívida.

ENQUADRAMENTO DA FACTUALIDADE

- **Efeitos da declaração de insolvência do empregador nas relações laborais**

No presente caso prático, podemos identificar dois ramos de Direito, a saber, o Direito do Trabalho e o Direito da Insolvência, os quais prosseguem finalidades distintas. O Direito do Trabalho visa regular as relações laborais, enquanto o escopo do Direito da Insolvência é, fundamentalmente, a satisfação dos interesses dos credores do devedor[90].

Coloca-se a questão de saber quais as consequências que a insolvência de determinada entidade empregadora acarreta nas relações individuais de trabalho.

Na verdade, a insolvência de uma empresa é, de facto, a insolvência da entidade empregadora, pelo que ao processo de insolvência não são alheios os interesses daqueles que são parte integrante da "*organização de capital e trabalho*" a que alude o artigo 5.º do Código da Insolvência e da Recuperação de Empresas (doravante CIRE), ou seja, os trabalhadores.

O CIRE não contém qualquer norma específica reguladora dos efeitos da insolvência do empregador no contrato de trabalho[91]. É no Código do Trabalho (doravante CT) que vêm regulados os efeitos da insolvência do empregador no âmbito das relações laborais.

Assim, nos termos do n.º 1 do art. 347.º do CT, a insolvência do empregador não faz cessar automaticamente os contratos de trabalho em vigor na empresa declarada insolvente, devendo o Administrador da Insolvência continuar a satisfazer, na íntegra, as obrigações para com os trabalhadores, enquanto o estabelecimento não for definitivamente encerrado,

[90] A satisfação dos credores pode ocorrer, nos termos do disposto no art. 1.º do Código da Insolvência e da Recuperação de Empresas (CIRE), através do recurso a um plano de insolvência, baseado na recuperação da empresa compreendida na massa insolvente ou, em última instância, na liquidação do património do devedor insolvente com a consequente repartição do produto obtido pelos credores.

[91] Posição diferente defende Pedro Romano Martinez, sustentando que o art. 111.º do CIRE, sob a epígrafe "*Contrato de prestação duradoura de serviço*", é aplicável ao contrato de trabalho – Cfr. Martinez (2017, p. 891). Já Maria do Rosário Palma Ramalho rejeita a aplicação deste preceito normativo a este tipo de contrato, invocando que, do ponto de vista dogmático, o contrato de trabalho não é um contrato de prestação de serviços – Cfr. Ramalho (2007, p. 695).

substituindo o empregador no cumprimento dos seus direitos e obrigações decorrentes da relação laboral.

O Administrador da Insolvência age, assim, na qualidade de representante *ope legis* do empregador, passando a representá-lo para todos os efeitos de carácter patrimonial que digam respeito à insolvência (art. 81.º, n.º 4, do CIRE)[92].

Após a declaração judicial da insolvência do empregador, a sorte dos contratos de trabalho está submetida às vicissitudes da empresa, dependendo das opções que vierem a ser tomadas pelos credores no âmbito do processo de insolvência, *maxime*, a recuperação ou a liquidação da empresa.

Nestes termos, se a empresa for objeto de recuperação, uma das medidas poderá passar pela manutenção dos contratos de trabalho, pelo despedimento coletivo ou ainda pela transmissão da posição contratual do empregador.

Por outro lado, em determinadas situações, como consequência da insolvência, poderá o estabelecimento ser definitivamente encerrado, sendo que, nestes casos, a insolvência do empregador acarreta a cessação dos contratos de trabalho, por impossibilidade objetiva de manutenção da relação laboral, concretamente uma impossibilidade superveniente, absoluta e definitiva de o empregador receber a prestação de trabalho, nos termos do art. 343.º, al. b), do CT.

Resulta do n.º 2 do citado preceito legal que, antes do encerramento definitivo do estabelecimento, o Administrador da Insolvência – devendo agir como gestor diligente, evitando, quanto possível, o agravamento da situação económica da empresa declarada insolvente – pode fazer cessar os contratos de trabalho dos trabalhadores cuja colaboração não seja indispensável ao funcionamento da empresa, pelo que poderão manter-se a prestar serviço somente alguns trabalhadores, nomeadamente, aqueles de que a empresa carece impreterivelmente para continuar a laborar de forma regular[93].

[92] Leitão (2018, p. 208).

[93] Para Luis Menezes Leitão, a cessação do contrato de trabalho pelo administrador da insolvência não constitui uma causa de caducidade do contrato, na medida em que não se encontram verificados os pressupostos previstos no art. 343.º, al. *b)*, do CT, defendendo antes que estamos perante uma hipótese particular de resolução do contrato que, salvo nas microem-

Em suma, a declaração de insolvência não é causa direta de cessação do contrato de trabalho, mas dela podem derivar dois fundamentos para a caducidade do vínculo laboral: a impossibilidade de manutenção do contrato de trabalho por encerramento definitivo do estabelecimento e a desnecessidade de manter todos os trabalhadores ao serviço da empresa, caso os mesmos não sejam indispensáveis ao normal funcionamento da mesma.

Em qualquer destas situações, para a cessação do vínculo laboral, com exceção das microempresas, é necessário o cumprimento do procedimento legal previsto para o despedimento coletivo, tendo o trabalhador direito à compensação estabelecida no art. 366.º do CT, conforme previsto nos n.os 3 a 5 do art. 347.º deste diploma legal.

Portanto, cabe ao Administrador da Insolvência decidir se mantém os trabalhadores ao serviço da empresa ou se faz cessar os respetivos contratos de trabalho.

Acresce que o Administrador da Insolvência tem ainda a faculdade de contratar novos trabalhadores, desde que estes sejam necessários à liquidação da massa insolvente ou à continuação da exploração da empresa.

Trata-se necessariamente da celebração de contratos a termo, certo ou incerto, sendo que os mesmos caducam com o encerramento definitivo do estabelecimento onde os trabalhadores prestam serviço ou, salvo convenção em contrário, com a sua transmissão, nos termos do art. 55.º, n.º 4, do CIRE[94].

Na verdade, este preceito legal cria um novo fundamento para a contratação a termo, pelo que estes contratos deverão obedecer à forma escrita e conter a descrição fundamentada do motivo justificativo da contratação, nomeadamente a necessidade de contratar novos trabalhadores, considerando que os trabalhadores que se encontram ao serviço da

presas, obedece ao procedimento exigido para o despedimento coletivo. Cfr. Leitão (2018, p. 209, 210).

[94] Para Menezes Leitão, caso um trabalhador seja especificamente contratado para a liquidação da massa insolvente, a caducidade do seu contrato não pode ser determinada pelo encerramento do estabelecimento, uma vez que a liquidação só ocorrerá posteriormente, apenas devendo acontecer quando se verificar o termo ou então quando estiver concluída a liquidação da massa insolvente. Neste sentido, propõe a interpretação extensiva do art. 55.º, n.º 4, do CIRE, acrescentando a liquidação da massa insolvente como causa de caducidade do contrato de trabalho a termo celebrado pelo administrador da insolvência, quando o trabalhador tenha sido contratado para tal efeito – Cfr. Leitão (2018, p. 212).

empresa não são suficientes ou os mais adequados para proceder à liquidação da massa insolvente ou à continuação da exploração daquela[95].

A PROTEÇÃO DA RETRIBUIÇÃO

Anabela e Belmira são credoras da sociedade X, devendo reclamar o seu crédito no processo de insolvência, de forma a garantir a sua posição e a defesa dos seus interesses enquanto credoras.

Com efeito, os créditos dos trabalhadores emergentes de contrato de trabalho, da sua violação ou cessação constituem créditos sobre a insolvência, reconduzindo-se à classe dos créditos garantidos e privilegiados, nos termos do art. 47.º, n.º 4, do CIRE.

Tais créditos gozam de privilégio mobiliário geral e, no caso daqueles trabalhadores que desenvolveram a sua atividade laboral em determinado bem imóvel pertença do empregador, gozam ainda de privilégio imobiliário especial sobre tal bem, conforme dispõe o art. 333.º, n.º 1, als. *a)* e *b)* do CT.

Releva que, contrariamente ao que acontece com outros privilégios, os privilégios de que gozam os créditos dos trabalhadores não se extinguem com a declaração de insolvência (cfr. art. 97.º do CIRE).

No que concerne à graduação dos créditos no âmbito do processo de insolvência, o privilégio mobiliário geral concedido aos trabalhadores é graduado com preferência sobre os créditos elencados no artigo 747.º, n.º 1, do Código Civil (doravante designado de CC), ocupando, assim, posição cimeira no confronto com outros créditos detentores de privilégios sobre bens móveis. Acresce que, prevalecem ainda sobre os créditos com privilégio mobiliário especial elencados na suprarreferida norma legal, cedendo somente perante os privilégios por despesas de justiça (art. 746.º do CC) e perante outras garantias reais que incidam sobre os mesmos bens (art. 749.º do CC).

Por seu turno, o privilégio imobiliário especial de que gozam os créditos laborais sobre bem imóvel do empregador é graduado antes dos

[95] Como refere Menezes Leitão, esta possibilidade de contratação a termo parece ter enquadramento na hipótese legal prevista no art. 140.º, n.º 2, al. *g)*, e n.º 3 do CT. Cfr. Leitão (2018, p. 211).

créditos referidos no artigo 748.º do CC e ainda antes dos créditos relativos a contribuições para a segurança social, nos termos do disposto no art. 333.º, n.º 2, al. *b)*, do CT, prevalecendo, deste modo, sobre a consignação de rendimentos, a hipoteca e o direito de retenção, mesmo que tais garantias sejam de constituição anterior (cfr. art. 751.º do CC).

In casu, no decurso da relação laboral, Anabela prestou a sua atividade em bem imóvel do empregador. Já Belmira prestava trabalho a partir de sua casa, em regime de teletrabalho.

Ora, no que concerne à graduação dos créditos sobre a insolvência detidos pelas trabalhadoras, designadamente, 2 meses de retribuição e subsídio de Natal estamos perante duas situações objeto de tratamento jurídico diferenciado, o que poderá suscitar dúvidas do ponto de vista do respeito pelo princípio da igualdade de tratamento.

Com efeito, os créditos laborais de ambas as trabalhadoras gozam de privilégio mobiliário geral, o que significa que serão pagos pelo produto da venda de todos os bens móveis existentes no património da empresa declarada insolvente e apreendidos para a massa, com preferência sobre os demais créditos detentores de privilégios sobre esta categoria de bens.

Já no que respeita ao privilégio imobiliário especial, decorre da leitura do preceito legal (art. 333.º, n.º 1, al. *b)*, do CT), que este privilégio incide somente sobre o imóvel do empregador onde o trabalhador efetivamente preste a sua atividade.

No entanto, a jurisprudência mais recente tem interpretado de forma mais ampla a expressão "*local onde o trabalhador presta a sua atividade*", defendendo que deverão ser abrangidos, independentemente do concreto local onde o trabalhador exerce a sua atividade, todos os imóveis do empregador que estejam afetos à sua atividade empresarial, à qual os trabalhadores estão funcionalmente ligados, ficando excluídos aqueles que, embora sejam propriedade do empregador, não estejam afetos ao fim societário[96].

Em suma, na presente hipótese prática, os créditos de Anabela e Belmira emergentes de contrato de trabalho e da sua cessação beneficiam de privilégio mobiliário geral, sendo pagos com preferência sobre outros créditos com privilégio da mesma espécie, mas somente os créditos de

[96] Cfr. Acórdão do TRC, de 21/02/2018, Processo n.º 7899/16.7T8CBR-C.C1, disponível in *www.dgsi.pt*.

Anabela irão beneficiar de privilégio imobiliário especial sobre o bem imóvel propriedade do empregador.

A posição de Belmira fica, assim, fragilizada, enquanto credora no processo de insolvência, considerando que a mesma exercia a sua atividade a partir de casa e não em imóvel do empregador afeto à sua atividade empresarial.

O FUNDO DE GARANTIA SALARIAL

O art. 336.º do CT consagra que *"O pagamento de créditos de trabalhador emergentes de contrato de trabalho, ou da sua violação ou cessação, que não possam ser pagos pelo empregador por motivo de insolvência ou de situação económica difícil, é assegurado pelo Fundo de Garantia Salarial, nos termos previstos em legislação específica."*.

O art. 59.º, n.º 3, da Constituição da República Portuguesa (doravante CRP), prevê a proteção da retribuição estipulando garantias especiais, cuja previsão cabe ao legislador, o qual, para o efeito, goza da mais ampla liberdade.

O Fundo de Garantia Salarial é um mecanismo jurídico inicialmente criado pelo Decreto-Lei n.º 219/99, de 15 de junho. Atualmente é regulado pelo Decreto-Lei n.º 59/2015, de 21 de abril, que aprovou o novo regime do Fundo de Garantia Salarial.

Este diploma transpôs para a ordem jurídica interna a Diretiva n.º 2008/94/CE, do Parlamento Europeu e do Conselho, de 22 de outubro de 2008, relativa à proteção dos trabalhadores subordinados em caso de insolvência da sua entidade empregadora, cujo fundamento é a função alimentar do salário.

Para além de constituir uma obrigação para o Estado português decorrente do Direito da União Europeia, a criação deste Fundo não pode deixar de ser vista como concretização de uma das garantias a que alude o citado n.º 3 do art. 59.º da CRP[97].

Nos termos do art. 1.º do supracitado diploma legal, este fundo assegura o pagamento ao trabalhador de créditos emergentes do contrato

[97] Cfr. nesse sentido, Canotilho e Moreira (2014, p. 777).

de trabalho, ou da sua violação ou cessação, desde que tenha sido proferida sentença de declaração de insolvência do empregador (entre outras situações).

Assim, considerando que a empresa X foi declarada insolvente, por sentença transitada em julgado, Anabela e Belmira têm a faculdade de recorrer ao Fundo de Garantia Salarial, de forma a poderem beneficiar do pagamento dos seus créditos emergentes de contrato de trabalho. Ficarão abrangidos os créditos que se encontram mencionados no art. 2.º do diploma que consagra o regime do Fundo de Garantia Salarial, com os limites previstos no art. 3.º do mesmo diploma.

Para aquele efeito, as trabalhadoras terão de apresentar junto do Instituto de Segurança Social, através de formulário em papel ou eletrónico, requerimento contendo a sua identificação e do empregador, discriminando os créditos salariais objeto do pedido (retribuição relativa a 2 meses e subsídio de Natal), devendo tal requerimento ser devidamente instruído com os documentos mencionados no n.º 2 do art. 5.º do suprarreferido diploma legal e certificado pelo Administrador da Insolvência nomeado no processo judicial.

Este pedido efetuado pelas trabalhadoras será objeto de decisão fundamentada, a qual será posteriormente notificada às mesmas, indicando-se, em caso de deferimento total ou parcial, qual o montante que será pago, bem como a respetiva forma de pagamento.

Cumpre ainda referir que, caso os créditos laborais das trabalhadoras sejam pagos pelo Fundo de Garantia Salarial, este fica sub-rogado nos direitos e nos privilégios creditórios daquelas, na medida dos pagamentos efetuados, decorrentes da venda dos bens integrantes da massa insolvente, acrescidos de juros de mora vincendos.

Paula Falacho
Assistente convidada da ESTG-Instituto Politécnico de Leiria
Advogada

REFERÊNCIAS BIBLIOGRÁFICAS

Canotilho, José Joaquim Gomes e Moreira, Vital (2014), *Constituição da República Portuguesa Anotada*, vol. I, 4.ª ed. Revista (Reimpressão): Coimbra Editora.

Leitão, Luís Manuel Teles de Menezes (2018), *Direito da Insolvência*, 8.ª ed.. Coimbra: Almedina.

Martinez, Pedro Romano (2017), *Direito do Trabalho*, 8.ª ed.. Coimbra: Almedina.

Ramalho, Maria do Rosário Palma (2007), Aspectos laborais da Insolvência, Notas breves sobre as implicações laborais do regime do Código da Insolvência e da Recuperação de Empresas, in AAVV, *Estudos em Memória do Professor Doutor José Dias Marques*. Coimbra: Almedina.

Transmissão de Unidade Económica

A Sociedade Anónima ABC, S.A., é proprietária de uma fábrica de papel que produz papel para diferentes fins, nomeadamente rolos de papel higiénico e de limpeza de mãos e lenços de papel. A totalidade do processo fabril até à distribuição e entrega dos produtos aos clientes é feita pela ABC.

A ABC decidiu externalizar e entregar a terceiros parte deste processo fabril e pretende vender a uma outra sociedade comercial da zona a atividade relativa ao processo de embalagem dos produtos e a sua distribuição.

Florinda é casada com António e trabalham os dois desde há vinte anos na ABC. Florinda trabalha na secção de embalagem e empacotamento e António é um dos dois motoristas da fábrica encarregues da distribuição e que asseguram, também, outro tipo de serviços rodoviários.

António não gostaria de ter este novo patrão. Conhece diversos motoristas na sociedade que vai adquirir a embalagem e distribuição dos produtos que sempre se queixaram, ao longo dos anos, de falhas graves na organização e na gestão relativas à manutenção e revisão da frota dos seus camiões, facto que considera importante e não lhe inspira confiança.

Florinda, por seu lado, não vê inconvenientes, apenas quer saber quem lhe vai pagar o prémio de produtividade a que tem direito, relativo ao ano passado. Precisam de comprar um frigorífico novo lá para casa e está a contar com isso.

Quid Juris?

I – ENQUADRAMENTO DA FACTUALIDADE

Os factos descritos no caso prático enquadram-se:

- Vicissitudes do Contrato de Trabalho: Transmissão de Empresa ou Estabelecimento.
- Alteração do contrato de trabalho de natureza subjetiva e que consiste na transmissão da posição jurídica do empregador no contrato de trabalho.

II – FIGURAS JURÍDICAS EM CAUSA

Transmissão da titularidade de empresa ou estabelecimento, ou de parte de empresa ou estabelecimento, que constitua uma unidade económica.

Regime legal:

Código do Trabalho (Lei n.º 7/2009, de 12 de fevereiro), doravante CT.

- Capítulo V (Vicissitudes Contratuais) – arts. 285.º a 287.º do CT;
- Título III (Direito Coletivo) – Secção IV – art. 498.º do CT;
- Capítulo I (Fontes de Direito do Trabalho) – art. 3.º, n.º 3 *m)* do CT;

A factualidade descrita no caso prático enquadra-se, como se referiu, na transmissão da titularidade de empresa, ou estabelecimento, ou ainda de parte de empresa ou estabelecimento que constitua uma unidade económica, e tem o seu regime legal nos mencionados arts. do CT[98].

[98] A figura da transmissão da empresa, ou do estabelecimento, tem os seus antecedentes no artigo 37.º do Decreto-Lei n.º 49 408, de 24 de novembro de 1969 (Regime Jurídico do Contrato Individual de Trabalho). O CT de 2003, aprovado pela Lei n.º 99/2003, de 27 de agosto, consagrou a figura nos arts. 318.º e seguintes. Atualmente, por força do CT de 2009, aprovado pela Lei n.º 12/2009, de 12 de fevereiro, a figura encontra-se regulada nos arts. 285.º e ss.. Esta matéria tem sido fortemente influenciada pela legislação comunitária, concretamente pela Diretiva 2001/23/CE do Conselho, de 12 de março 2001, (relativa à aproximação das legislações dos Estados-Membros respeitantes à manutenção dos direitos dos trabalhadores em caso de transferência de empresas ou estabelecimentos, ou de partes de empresas ou de estabelecimentos). A atual redação dos arts. 285.º e ss. do CT (feita pela Lei n.º 14/2018, de 19 de março) reflete os principais aspetos consagrados na diretiva sobre esta

III – CARACTERIZAÇÃO DO REGIME JURÍDICO DA TRANSMISSÃO DE EMPRESA OU ESTABELECIMENTO

Os aspetos fundamentais do regime jurídico da transmissão de empresa ou estabelecimento ou parte de empresa ou estabelecimento que constitua uma unidade económica são fundamentalmente seis:

1. Surge como consequência de um negócio jurídico celebrado entre o atual dono da empresa, ou estabelecimento, ou de parte da empresa ou estabelecimento, que constitua uma unidade económica, e um terceiro[99], adquirente da empresa, estabelecimento ou de parte da empresa ou estabelecimento, desde que, constitua uma unidade económica[100] e com identidade própria[101], operando, por mero efeito da lei, uma mudança subjetiva da posição do empregador no contrato de trabalho.

O regime jurídico da transmissão de empresa ou estabelecimento ou parte de empresa ou estabelecimento é igualmente aplicável à transmissão, cessão ou reversão da exploração de empresa, estabelecimento ou unidade económica. Neste caso, a mudança subjetiva da posição do empregador no contrato de trabalho poderá ser meramente transitória ou temporária[102].

matéria. A figura da transmissão de empresa ou do estabelecimento é ainda influenciada pelos Princípios Constitucionais da segurança no emprego e da liberdade de iniciativa económica privada, previstos respetivamente nos arts. 53.º e 61.º da CRP.

[99] No âmbito da consagração do princípio da liberdade de iniciativa económica privada, previsto no art. 61.º da Constituição da República Portuguesa, que estabelece a liberdade de criação de empresas e da sua gestão e organização e a liberdade de celebração dos negócios jurídicos relativos à sua gestão por parte do empresário. Para mais desenvolvimentos Santos (2016, p. 51).

[100] Art. 285.º n.º 1 e n.º 5 do Código do Trabalho (CT).

[101] "*... A noção preliminar do instituto, ainda próxima da noção legal, é seguinte: mudança, por qualquer título, da titularidade do conjunto de meios humanos, materiais e imateriais, organizados com o objectivo de exercer uma actividade económica a título principal ou acessório...*" Martins (2013, p. 29).
É necessário que se verifique uma transmissão com "*...organização específica, com autonomia, não bastando a cessão singular de elementos de certa unidade empresarial sem identidade própria...*", Martinez (2017, p. 786). "*... Para este efeito, o critério a ter em conta não deve ser o da organização formal da empresa (em secções ou serviços), mas antes o critério económico da possibilidade de individualização de uma parte da sua atividade numa unidade negocial autónoma...*", Ramalho (2016, p. 646 e nota 15).

[102] Art. 285.º, n.º 2, do CT. Ao contrário do n.º 1 do preceito em que a sub-rogação da posição do empregador no contrato de trabalho é definitiva.

Considera-se unidade económica "...o conjunto de meios organizados que constitua uma unidade produtiva dotada de autonomia técnico-organizativa e que mantenha identidade própria com o objectivo de exercer uma actividade económica principal ou acessória."[103].

2. O art. 285.º, n.º 1, do CT estabelece a transmissão *ex lege* para o novo adquirente da empresa ou do estabelecimento, ou de parte de empresa ou estabelecimento que constitua uma unidade económica, de todos os contratos de trabalho[104] e todos os direitos e obrigações emergentes dos contratos de trabalho[105], bem como a responsabilidade pelo pagamento de coima aplicada pela prática de contraordenação laboral.

3. Estabelece um regime de transmissão solidária das obrigações vencidas até ao momento da transmissão para o novo adquirente no que respeita aos créditos dos trabalhadores da empresa, estabelecimento, ou parte de empresa ou estabelecimento, emergentes do contrato de trabalho, da sua violação ou cessação, bem como pelos encargos sociais correspondentes, vencidos até à data da transmissão, art. 285.º, n.º 6, do CT. Este regime de solidariedade legal encontra-se circunscrito às obrigações vencidas até à data da transmissão[106]. Por razões de salvaguarda da posição do adquirente estabelece ainda o preceito que o transmitente responde

[103] Art, 285.º, n.º 5, do CT.
A Diretiva 2001/23/CE do Conselho de 12 de março 2001, no seu art. 1.º, b), refere que, "*... é considerada transferência, na acepção da presente directiva, a transferência de uma* ***entidade económica*** *que mantém a sua identidade, entendida como um conjunto de meios organizados, com o objectivo de prosseguir uma actividade económica seja ela essencial ou acessória...*". O legislador português do CT optou por utilizar o termo "*unidade económica*", mais adequado e conforme com o conceito subjacente à Diretiva e uma melhor tradução do que a expressão "entidade económica" referida na versão em português desta.

[104] Transmitem-se tanto os contratos de trabalho dos trabalhadores em efetividade de funções como aqueles que, por algum motivo, se encontram suspensos na data da transmissão, Ramalho (2016, p. 647).

[105] O n.º 3 do art. 285.º do CT concretiza [agora, com a alteração ao art. operada pela Lei n.º 14/2018, de 19 março] quais são alguns desses direitos dos trabalhadores e podendo ainda existir outros em virtude da expressão "nomeadamente" utilizada pelo legislador; são agora concretizados os seguintes direitos: retribuição; antiguidade; categoria profissional e conteúdo funcional; benefícios sociais; regimes de proteção social.

[106] A Directiva utiliza a expressão "*existentes antes da data da transmissão*" – art. 3.º, n.º 1, *in fine*.
Assim, a título exemplificativo, o trabalhador pode reclamar do novo adquirente o gozo das férias vencidas antes da transmissão mas ainda não gozadas e respetivo subsídio; de igual modo o trabalhador pode reclamar do novo adquirente o pagamento de um prémio de produtividade vencido antes da transmissão.

solidariamente com o adquirente pelas dívidas vencidas durante o período de dois (2) anos subsequente à transmissão. Assim, as dívidas vencidas até ao momento da transmissão e durante os dois anos subsequentes têm dois devedores solidários: transmitente e adquirente. Sempre que por força deste mecanismo o transmitente pague dívidas emergentes dos vínculos laborais transmitidos, terá direito de regresso contra o adquirente, principal obrigado nos termos legais, salvo convenção em contrário, eficaz nas relações entre transmitente e adquirente mas que é inoponível aos trabalhadores[107].

4. A consagração do exercício do direito de oposição pelo trabalhador à transmissão da posição do empregador, transmitente, do seu contrato de trabalho em caso de transmissão, cessão ou reversão de empresa ou estabelecimento, ou de parte de empresa ou estabelecimento que constitua uma unidade económica, quando aquela transmissão possa causar-lhe prejuízo sério, prevista no art. 286.º-A do CT. Este direito de oposição pelo trabalhador encontra-se sujeito a determinadas formalidades legais, previstas no art. 286.º-A, n.º 1 e n.º 3, do CT, e impede a transmissão do seu contrato de trabalho para o novo adquirente da unidade económica, mantendo-se, em consequência, o vínculo do trabalhador ao transmitente. Alternativamente ao exercício do direito de oposição, consagra-se ainda o direito do trabalhador poder resolver com justa causa o seu contrato de trabalho nos termos do art. 394.º, n.º 3, al. *d)*, do CT, desde que se verifique o fundamento previsto no n.º 1 do art. 286.º-A do CT, tendo o trabalhador direito à compensação prevista no art. 396.º, n.º 5, do CT, nos mesmos termos da compensação calculada para o despedimento coletivo[108].

[107] Martinez (2017, p. 788).

[108] Esta consagração do exercício do direito de oposição pelo trabalhador à transmissão da posição do empregador, transmitente, do seu contrato de trabalho e a alternativa da consagração do direito do trabalhador poder resolver com justa causa o seu contrato de trabalho assenta ainda no direito que assiste ao trabalhador de liberdade de escolha do empregador. Com efeito, a sub-rogação legal do empregador, não poderá ser imposta, sem mais, ao trabalhador na medida em que é uma alteração ou modificação substancial importante do contrato de trabalho não sendo indiferente para o trabalhador a mudança da pessoa do empregador no seu contrato de trabalho. A Doutrina tem entendido que assiste ao trabalhador o direito à livre escolha do empregador, sendo um direito constitucionalmente consagrado e que decorre da própria dignidade da pessoa humana. Coartar esta liberdade é impor aos trabalhadores uma restrição intolerável à sua liberdade individual de escolha e à sua liberdade

5. A tramitação legal dos procedimentos, que transmitente e adquirente devem respeitar, para efeitos da transmissão, cessão ou reversão de empresa ou estabelecimento, ou de parte de empresa ou estabelecimento, regulada nos arts. 285.º, n.º 7, n.º 8, n.º 9, e 286.º, n.º 1 ao n.º 8, do CT, como mecanismo de proteção e garantia de todos os trabalhadores envolvidos na transmissão cessão ou reversão da unidade económica e que compreende fundamentalmente três fases: a fase de comunicação pelo transmitente da decisão de transmissão da empresa ou do estabelecimento, ou de parte de empresa ou estabelecimento; a fase da consulta e eventual negociação com os representantes dos trabalhadores e a fase da execução da transmissão.

6. Finalmente, quanto ao Direito Coletivo do Trabalho, por força do estabelecido no art. 498.º do CT o adquirente, da empresa, ou estabelecimento, ou de parte de empresa ou estabelecimento, para além de ficar obrigado ao cumprimento das cláusulas e condições previstas nos contratos individuais de trabalho dos trabalhadores transmitidos, fica ainda adstrito a respeitar as obrigações decorrentes de Instrumento de Regulamentação Coletiva de Trabalho (IRCT) vigente na empresa, estabelecimento ou parte de estabelecimento ou empresa que adquiriu, independentemente de ter, ou não, outorgado ou aderido ao referido IRCT[109]. O IRCT da unidade económica transmitida manter-se-á em vigor até à sua substituição por um novo, estabelecendo o art. 498.º, n.º 1, do CT um período mínimo de sobrevivência de 12 meses, a contar da transmissão, do IRCT que vinculava o transmitente, e que se manterá em vigor, a não ser que outro IRCT, negocial, passe entretanto a aplicar-se ao adquirente da unidade económica[110]. Após o decurso do referido prazo, caso não seja aplicável ao adquirente qualquer IRCT, nos termos do disposto no n.º 2 do art. 498.º, manter-se-ão os efeitos já produzidos nos contratos individuais de trabalho dos trabalhadores transmitidos

contratual. Neste sentido, Gomes (2001, pp. 518-520); Carvalho (2001, pp. 168-169); Martinez (2017, p. 785, nota 1697).

[109] "Ao empregador adquirente passa a aplicar-se a convenção que vinculava o transmitente... Só que esta transmissão ocorre independentemente da vontade dos empregadores, i.e., transmitente e adquirente, pois, repetimos, verifica-se *ope legis*", Silva (2017, p. 1059, ponto III).

[110] Reis (2014, pp. 234-241).

pelo IRCT que vincula o transmitente, quanto às matérias previstas no art. 501.º, n.º 8, do CT[111].

IV – PROBLEMAS JURÍDICOS A RESOLVER

Quanto ao caso prático a resolver tendo em conta a factualidade descrita, António e Florinda são ambos trabalhadores da ABC, S.A. Sendo seus trabalhadores desde há vinte (20) anos, nada mais nos sendo dito, podemos concluir que mantêm com a referida entidade empregadora um contrato de trabalho sem termo.

Em virtude do negócio a celebrar entre a ABC, S.A. e a outra sociedade comercial da zona, haverá uma transmissão definitiva para esta dos contratos de trabalho de António e Florinda. Com efeito, nos termos do disposto no art. 285.º, n.º 1, do CT, em caso de transmissão, por qualquer título, da titularidade de empresa, ou estabelecimento ou ainda de parte de empresa ou estabelecimento que constitua uma unidade económica, transmitem-se para o adquirente a posição do empregador nos contratos de trabalho dos respetivos trabalhadores.

A transmissão da secção de embalagem e empacotamento dos produtos, onde trabalha Florinda constituirá, em nosso entender, uma unidade económica, de acordo com o disposto no n.º 5 do art. 285.º do CT. Com efeito refere o art., "considera-se unidade económica o conjunto de meios organizados que constitua uma unidade produtiva dotada de autonomia técnico-organizativa e que mantenha identidade própria, com o objetivo de exercer uma atividade económica, principal ou acessória".

Como atrás referido quanto à caracterização do regime jurídico da figura da transmissão de empresa ou estabelecimento, ou ainda de parte de empresa ou estabelecimento, que constitua uma unidade económica é necessário que se verifique uma transmissão com "...organização específica, com autonomia, não bastando a cessão singular de elementos de certa

[111] "... no que respeita a retribuição do trabalhador, categoria e respectiva definição, duração do tempo de trabalho e regimes de protecção social cujos benefícios sejam substitutivos dos assegurados pelo regime geral de segurança social ou com protocolo de substituição do Serviço Nacional de Saúde, de parentalidade e segurança e saúde no trabalho" – art. 501.º, n.º 8, do CT.

unidade empresarial sem identidade própria..."[112] ."... Para este efeito, o critério a ter em conta não deve ser o da organização formal da empresa (em secções ou serviços), mas antes o critério económico da possibilidade de individualização de uma parte da sua actividade numa unidade negocial autónoma..."[113-114].

A secção de embalagem dispõe de meios de produção próprios e organizados, constitui uma unidade produtiva dotada de autonomia técnico-organizativa, mantém identidade própria e, ao destacar-se da ABC, S.A., consegue manter o objetivo de funcionar e sobreviver autonomamente[115].

Dúvidas não existem, em nossa opinião, que o contrato de trabalho de Florinda[116] se poderá transmitir para a sociedade adquirente.

Quanto ao contrato de trabalho do António haverá que aferir, como atrás fizemos quanto ao contrato de trabalho da Florinda, se o departamento ou estrutura da empresa ABC, onde este presta funções, distribuição dos produtos aos clientes, dispõe de autonomia suficiente para caber no conceito de unidade económica definido pelo legislador e já referido. Com efeito, importa saber se terá um mínimo de autonomia organizativa que lhe permita caber no conceito que é concretizado no art. 281.º, n.º 1 e n.º 5, do CT[117].

Em face da factualidade descrita, algumas dúvidas se poderão levantar quanto à questão de saber se a parte da empresa ABC onde se insere o António e que a ABC pretende transferir para a outra sociedade, constitui uma unidade produtiva dotada de autonomia técnico organizativa e se tem uma identidade própria[118]. Será que esta secção tem autonomia própria?

[112] Martinez (2017, p. 786).

[113] Ramalho (2016, p. 646 e nota 15).

[114] "...Tem-se discutido se essa parte de empresa ou estabelecimentos já deveria existir com alguma autonomia organizatória dentro da empresa cedente. Questão que foi levantada sobretudo no Direito Italiano antes da reforma de 2003...", Gomes (2007, p. 816) e (2001, p. 483 ss.).

[115] *Idem, Ibidem.*

[116] E restantes colegas de secção de embalagem da ABC, S.A.

[117] Sem descurar a Jurisprudência, haverá que recorrer também aos conceitos da Doutrina e à Diretiva que temos vindo a referir.

[118] "I – Considera-se transmissão de estabelecimento a transferência de uma unidade económica que mantém a sua identidade, entendida esta como um conjunto de meios organi-

A factualidade refere que António é um dos dois motoristas da fábrica que fazem a distribuição e que asseguram, também, outro tipo de serviços rodoviários[119].

Haverá que esclarecer se, na empresa transmitente, ABC, a parte ou secção onde se insere o António constitui uma secção ou parte da empresa que constitui uma unidade produtiva dotada de autonomia técnico organizativa e se tem uma identidade própria. Existe na ABC, uma estrutura autónoma de distribuição? Ou, os dois motoristas para além da distribuição estão afetos a outras secções da empresa e asseguram também outro tipo de serviços rodoviários?

Caso a conclusão seja negativa quanto à primeira questão e afirmativa quanto à segunda, teremos que concluir que os factos não se enquadram nos pressupostos do art. 285.º, n.º 1 e n.º 5. Assim, não haverá quanto ao António transmissão do seu contrato para a sociedade adquirente e o seu contrato de trabalho manter-se-á na esfera jurídica do transmitente, ABC, S.A.

Caso se conclua no sentido oposto, i.e. que existe na ABC uma estrutura autónoma de distribuição, independentemente de os dois motoristas assegurarem ainda outro tipo de serviços rodoviários, o contrato de trabalho de António é passível de transmissão para o novo adquirente, com os mesmos argumentos já referidos a propósito da transmissão do contrato de trabalho de Florinda.

Coloca-se agora a questão do direito de oposição do António à transmissão do seu contrato de trabalho para o novo adquirente.

É referido na factualidade que, "António não gostaria de ter este novo patrão. Conhece diversos motoristas na sociedade que vai adquirir a embalagem e distribuição dos produtos que sempre se queixaram,

zados, com o objectivo de prosseguir uma actividade económica, seja ela essencial ou acessória".

"A noção de transmissão de empresa ou estabelecimento, prevista no art.º 285.º do Código do Trabalho, não deve limitar-se à ideia de titularidade de um conjunto de bens corpóreos, mas abranger também uma atividade de serviços, desde que prestada organizadamente por forma a constituir uma unidade económica individualizada e autonomizada".

[119] "O problema coloca-se sobretudo quanto a trabalhadores que realizam a sua prestação de trabalho tanto naquela como noutras partes do estabelecimento... trabalhadores que realizam funções que beneficiam indistintamente várias partes da empresa ou estabelecimento..." Gomes (2007, p. 819).

ao longo dos anos, de falhas graves na organização e na gestão relativas à manutenção e revisão da frota dos seus camiões, facto que considera importante e que não lhe inspira confiança". Ora, nos termos do disposto no art. 286.º-A, n.º 1, do CT, o António poderá exercer o direito de oposição à transmissão da posição do empregador no seu contrato de trabalho "quando aquela [transmissão] possa causar-lhe prejuízo sério, nomeadamente ... se a política de organização do trabalho deste não lhe merecer confiança".

No caso em apreço entendemos que o prejuízo sério de António se concretiza na parte final do n.º 1 do art. 286.º-A "...a política de organização do trabalho deste não lhe merecer confiança.", sendo certo que ao utilizar a expressão "nomeadamente" o legislador veio estabelecer que as situações de prejuízo sério referidas no art. são meramente exemplificativas, deixando em aberto a possibilidade de outras. Tem é que se verificar a existência de prejuízo sério para que o trabalhador possa deduzir oposição à transmissão do seu contrato de trabalho para o adquirente e, essa oposição, tem que ser devidamente fundamentada nos termos do disposto no art. 286.º-A, n.º 1 e n.º 3, do CT.

Assim, concluindo no caso *sub judice*, a situação factual de António enquadra-se na situação descrita no art. 286.º-A, n.º 1, parte final, do CT, quanto ao conceito de prejuízo sério.

António deverá exercer o seu direito de oposição à transmissão do seu contrato de trabalho, por escrito, dirigido ao empregador transmitente, no caso em apreço a ABC, S.A. após receber desta a comunicação escrita inicial de decisão de transmissão de parte da empresa, indicando os fundamentos da sua oposição e devendo circunstanciar, detalhadamente, os factos que entende constituírem prejuízo sério, nos termos do disposto no art. 286.º-A, n.º 3 e n.º 1, do CT[120-121].

A oposição do António à transmissão do seu contrato de trabalho, obsta, ou impede, a transmissão do seu contrato para o adquirente, man-

[120] O ónus da prova do prejuízo sério incumbe ao trabalhador. A concretização do conceito de prejuízo sério para o trabalhador é, também, matéria de difícil demonstração relativamente à qual nos devemos socorrer dos conceitos da Doutrina e Jurisprudência laborais.

[121] Quanto a este problema de António veja-se ainda o que abordamos na nota de rodapé 11, quanto ao direito à livre escolha do empregador pelo trabalhador.

tendo-se assim o seu vínculo contratual com a ABC, S.A. nos termos do disposto no art. 286.º-A, n.º 2, do CT[122].

Em alternativa ao exercício do direito de oposição, António pode resolver com justa causa o seu contrato de trabalho com a ABC, S.A., nos termos do disposto no art. 394.º, n.º 3, al. *d)*, com o fundamento previsto no n.º 1 do art. 286.º-A do CT.

António deve comunicar a resolução com justa causa do seu contrato de trabalho ao empregador por escrito e de acordo com as formalidades previstas no art. 395.º, n.º 1, do CT.

Neste caso, António tem direito a uma compensação nos termos do art. 396.º, n.º 5, do CT, calculada nos termos do art. 366.º do CT[123].

Quanto ao pagamento do prémio da Florinda, nos termos do disposto no art. 285.º, n.º 1 e n.º 6, do CT e do que atrás referimos no ponto III (n.º 3 – aspetos fundamentais do regime jurídico da transmissão de empresa ou estabelecimento) o pagamento do prémio será da responsabilidade do adquirente do estabelecimento, caso a transmissão já tenha entretanto ocorrido.

Nos termos do disposto no art. 285.º, n.º 1, do CT, o prémio da Florinda já se encontra vencido na data da transmissão de empresa ou estabelecimento ou de parte de empresa ou estabelecimento[124]. Assim, de acordo com o disposto nos preceitos referidos transmitiu-se para o adquirente a responsabilidade do seu pagamento, que será o principal obrigado.

Caso o novo aquirente da unidade económica não satisfaça, por qualquer motivo, o pagamento do prémio à Florinda, esta também poderá reclamar o prémio à ABC, transmitente. No art. 285.º, n.º 6, do CT é estabelecido um regime de solidariedade, legal, circunscrito aos créditos do

[122] Devendo esta encontrar um posto de trabalho alternativo para António, caso não pretenda continuar a ter motoristas na empresa. Solução que, em muitas situações práticas, nem sempre será possível de ser concretizada pelo empregador. Gomes (2001 p. 521 e nota 85). "*... Deste modo, a questão difícil coloca-se para jusante: como pode reagir o empregador perante a reintegração forçada de um trabalhador cujo posto de trabalho caiu?...*", Silva (2010, p. 101).

[123] Refira-se que o empregador, ABC, poderá exigir ao António que a assinatura deste, constante da declaração, ou comunicação, da resolução do seu contrato de trabalho seja objeto de reconhecimento notarial presencial, cfr. art. 395.º, n.º 4, do CT, preceito que tem relevância para a questão do exercício do direito ao arrependimento (revogação da resolução) previsto no art. 397.º do CT.

[124] O mesmo ocorrerá, por exemplo, com as férias vencidas antes da data da transmissão mas ainda não gozadas pelo trabalhador, que só as gozará após a transmissão.

trabalhador, emergentes do contrato de trabalho, vencidos até à data da transmissão, que vigorará nos dois anos subsequentes à data da transmissão. Caso o transmitente, ABC, pague o prémio à Florinda terá direito de regresso contra a sociedade adquirente, principal obrigado, nos termos do disposto no art. 285.º, n.º 6, do CT.

Por último, refira-se quanto à ABC, transmitente, e também quanto ao adquirente, a necessidade do cumprimento do regime legal das formalidades procedimentais da transmissão que lhes são impostas e que referimos no ponto III – n.º 5, sob pena, em caso de incumprimento, de sujeição ao regime de contraordenações laborais graves.

Dina Cochicho Cília
Professora Adjunta do Instituto Superior de Contabilidade e Administração de Lisboa – Instituto Politécnico de Lisboa

BIBLIOGRAFIA

Carvalho, Catarina Nunes de Oliveira (2001). *Da mobilidade dos trabalhadores no âmbito dos grupos de empresas nacionais.* Porto: Publicações Universidade Católica.

Fernandes, Manuel Ramirez, Martins, David Carvalho, Soares, José Mota *"As Alterações ao Regime da Transmissão de Estabelecimento no Código do Trabalho"*, Conferência, proferida em 23 de maio 2018, no Centro Regional de Lisboa da Ordem dos Advogados, patrocinada pela Associação dos Jovens Juslaboralistas e pelo Centro Regional de Lisboa da Ordem dos Advogados Portugueses, disponível em http://www.oa.pt Conselho Regional de Lisboa – Conteúdos Formativos.

Gomes, Júlio Manuel Vieira Gomes (2001). "A jurisprudência recente do Tribunal de Justiça das Comunidades Europeias em matéria de transmissão de empresa, estabelecimento ou parte de estabelecimento – inflexão ou continuidade?", *Estudos do Instituto do Direito do Trabalho,* Volume I. Coimbra: Almedina.

Gomes, Júlio Manuel Vieira Gomes (2007). *Direito do Trabalho* Volume I, 2.ª ed. Coimbra: Coimbra Editora.

Gonçalves, Luísa Andias, Lambelho, Ana (2017). *Direito do Trabalho; Da teoria à prática.* Lisboa: Rei dos Livros.

MARTINEZ, Pedro Romano (2017). *Direito do Trabalho,* 8.ª ed. Coimbra: Almedina.

MARTINS, David Carvalho (2013). *Da transmissão da Unidade Económica no Direito Individual do Trabalho,* Coleção Cadernos Laborais N.º 6, Instituto do Direito do Trabalho. Coimbra: Almedina.

Ramalho, Maria do Rosário Palma (2016). *Tratado de Direito do Trabalho,* Parte II – Situações Laborais Individuais, 6.ª ed. Coimbra: Almedina.

REIS, João (2014). "O regime da transmissão da empresa no Código do Trabalho", Coleção Formação Inicial, *Transmissão de Estabelecimento,* Centro de Estudos Judiciários – CEJ, publicações E-book do Centro de Estudos Judiciários – CEJ.

SANTOS, António Carlos, GONÇALVES, Maria Eduarda, MARQUES, Maria Manuel Leitão (2016). *Direito Económico,* 7.ª ed.. Coimbra: Almedina.

SILVA, Filipe Fraústo da (2010). "Observações acerca da selecção social no processo de despedimento colectivo", *Questões Laborais* 35-36, Jan/ Dez 2010. Coimbra: Coimbra Editora.

SILVA, Luís Gonçalves da (2017). Anotação ao artigo 498.º, ponto III, AAVV, *Código do Trabalho Anotado,* 11.ª edição. Coimbra: Almedina.

JURISPRUDÊNCIA

Acórdão do TRC, de 23 de fevereiro de 2017, Processo n.º 1335/13.8TTCBR.C1, Relator Ramalho Pinto, disponível em www.dgsi.pt.

Acórdão do TRE, de 16 de março de 2017, Processo n.º 480/14.7T8STB.E1, Relator Batista Coelho, disponível em www.dgsi.pt.

Despedimento por Facto Imputável ao Trabalhador | Procedimento Disciplinar

David, gestor de conta, admitido ao serviço do Banco YES, S.A., no ano de 2007, apropriou-se de uma quantia avultada que estava depositada na conta de um cliente da sua entidade empregadora, emigrado no Brasil há já várias décadas. Fê-lo por intermédio de inúmeras transferências para contas tituladas por si ou por seus familiares noutras instituições bancárias e no período compreendido entre os meses de maio e de julho de 2017.

As referidas transferências foram apenas detetadas em meados do mês de agosto de 2018, altura em que o cliente lesado viajou para Portugal para gozo de umas merecidas férias e se deparou com os extratos semestrais que lhe haviam sido remetidos por correio e em suporte de papel pelo Banco, tendo, de imediato, dado conhecimento das mesmas a estoutro.

a) Poderá a entidade empregadora de David sancioná-lo disciplinarmente?

b) Em caso afirmativo, de que modo e qual o mais do que provável desfecho para a situação sub judice?

A) INSTITUTOS/FIGURAS JURÍDICAS PERTINENTES PARA A RESOLUÇÃO DO CASO

Poder disciplinar e direito disciplinar laborais
Procedimento disciplinar laboral
Cessação do contrato de trabalho
Despedimento por facto imputável ao trabalhador

O **poder disciplinar** (laboral), *genuíno poder punitivo privado*[125-126], é atribuído ao seu titular (i.e., o empregador[127]) para a prossecução de um interesse que o transcende, e que normalmente não coincide com o seu interesse próprio. Desempenha, essencialmente, uma *função preventiva*, visa assegurar/garantir a *manutenção da ordem e da paz da empresa*[128] e traduz-se, na prática, na faculdade de o empregador sancionar faltas/incumprimentos disciplinares laborais dos trabalhadores ao seu serviço[129].

Por seu turno, o **direito disciplinar** (laboral), entendido como o conjunto de normas jurídicas que têm por objeto a *disciplina*, é integrado por três *conceitos operatórios*: *(i)* a *infração disciplinar*, *(ii)* a *sanção disciplinar*, e *(iii)* o *procedimento disciplinar*.

Com efeito, confrontada com a prática, por parte de um seu trabalhador, de uma *infração disciplinar*, ou seja, com a violação culposa de um dever jurídico-laboral, a entidade empregadora pode, se aquela vier a resultar provada no âmbito de um *procedimento disciplinar* instaurado para

[125] Fazendo uso da expressão de Amado (2014, p. 223).

[126] No entanto, para Ramalho (2016, p. 586), "[a]pesar da sua designação formal pela lei, o poder disciplinar laboral é um direito subjectivo em sentido próprio e não um poder, na medida em que se consubstancia numa situação jurídica de vantagem de âmbito compreensivo e não analítico (porque envolve diversos poderes menores, como o poder de emitir regras de disciplina, o poder de vigilância ou controlo do trabalhador, o poder de instaurar o processo disciplinar e o poder de aplicar as sanções disciplinares). Enquanto direito subjectivo, o poder disciplinar integra a categoria de direito potestativo, porque da sua actuação resulta uma alteração na esfera jurídica de outra pessoa (no caso, o trabalhador), que fica constituída num estado de sujeição."

[127] *Ex vi* do art. 98.º do CT.

[128] Expressões de Gomes (2007, pp. 885-886).

[129] Para Xavier (2014, p. 459), "[o] poder disciplinar actua como garantia do cumprimento das prestações do trabalho e para recondução rápida do trabalhador à execução dos deveres. Justifica-se sobretudo pela necessidade de manter a disciplina de grupo da comunidade empresarial, perdendo boa parte do seu sentido quando referido a formas não empresariais de trabalho."

o efeito e destinado a apurar a verdade dos factos, aplicar-lhe uma *sanção disciplinar*[130].

Contrariamente ao que sucede, p. ex., no domínio da relação jurídica de emprego público[131] e, outrossim, na contratação coletiva, a legislação laboral portuguesa não fornece uma noção de *infração disciplinar*, tendo antes optado o legislador por indicar alguns tipos avulsos de infração (veja-se, exemplificativamente, os arts. 256.º, n.º 2, 304.º, n.º 2, e 351.º, n.º 2, todos do CT).

No caso vertente, estamos perante uma conduta que fez *perigar* definitiva e irremediavelmente a relação de confiança que subjaz ao contrato de trabalho, tendo David violado, entre outros, os seus deveres de lealdade e cometido uma *lesão de interesses patrimoniais sérios da empresa* (art. 351.º, n.º 2, al. *e)*, do CT).

Ademais, dúvidas não subsistem de que estamos, *in casu*, perante um "comportamento culposo do trabalhador que, pela sua gravidade e consequências, torn[a] imediata e praticamente impossível a subsistência da relação de trabalho", o que equivale a dizer que estamos perante uma *justa causa de despedimento*.

Nos termos do art. 330.º, n.º 1, do CT, a *sanção disciplinar* deve ser proporcional à gravidade da infração e à culpabilidade do infrator, razão pela qual, no exercício do seu poder disciplinar, o Banco YES, S.A., pode aplicar a David a sanção disciplinar (expulsiva[132]) de *despedimento sem indemnização ou compensação* (prevista no art. 328.º, n.º 1, al. *f)*, do CT).

Porém, e para que possa aplicar tal sanção disciplinar – a mais gravosa do ordenamento jurídico-laboral –, o empregador deve, prévia e necessariamente, e sob pena de *ilicitude* do despedimento[133], instaurar um *pro-*

[130] *Cf.*, para o efeito, o art. 328.º do CT.

[131] *Vide*, a este propósito, o art. 183.º da Lei Geral do Trabalho em Funções Públicas, aprovada pela Lei n.º 35/2014, de 20 de junho: "Considera-se infração disciplinar o comportamento do trabalhador, por ação ou omissão, ainda que meramente culposo, que viole deveres gerais ou especiais inerentes à função que exerce."

[132] Assim designada em contraponto às demais sanções disciplinares previstas nas als. *a)* a *e)* do n.º 1 do art. 328.º do CT (i.e., a *repreensão*, a *repreensão registada*, a *sanção pecuniária*, a *perda de dias de férias* e a *suspensão do trabalho com perda de retribuição e de antiguidade*) que se designam por sanções disciplinares *conservatórias*, porque conservam ou mantêm a relação jurídico-laboral.

[133] Por força do art. 381.º, al. *c)*, do CT.

cedimento disciplinar, que funciona, portanto, como *condição sine qua non* do exercício do referido poder.

Antes de se abordar, mais detalhadamente, as temáticas do procedimento disciplinar, da cessação do contrato de trabalho e do despedimento por facto imputável ao trabalhador, importa ainda atender ao *tempo* e à sua relevância disciplinar[134].

Nos termos do art. 329.º, n.º 2, do CT, o procedimento disciplinar deve iniciar-se nos 60 dias subsequentes àquele em que o empregador, ou o superior hierárquico com competência disciplinar, teve conhecimento da infração – no caso *sub judicio* até meados do mês de outubro de 2018.

No entanto, há também que tomar em consideração o que vem preceituado no art. 329.º, n.º 1, do CT, segundo o qual "[o] direito de exercer o poder disciplinar prescreve um ano após a prática da infração (...)".

Destarte, e aparentemente, a infração disciplinar (ainda que continuada[135]) de David não poderia vir a ser punida pela sua entidade empregadora face à prescrição resultante da primeira parte do n.º 1 do art. 329.º do CT.

Todavia, nos termos da segunda parte do identificado preceito legal, "[o] direito de exercer o poder disciplinar prescreve (...) No prazo de prescrição da lei penal se o facto constituir igualmente crime."

Ora, uma vez que a factualidade disciplinar imputada a David constitui igualmente *crime* (de *furto qualificado*, conforme o art. 204.º do CP), são aqui aplicáveis os prazos prescricionais mais dilatados da lei penal (veja-se, para o efeito, o art. 118.º, n.º 1, als. *a)* a *d)*, do CP), pelo que o Banco YES, S.A., ainda estava em tempo de exercer o seu poder disciplinar.

[134] Para mais e melhores desenvolvimentos, *cf.*, por todos, Castro (2002, pp. 473-534).

[135] "(...) 4 – A lei laboral não estabelece um conceito de infração disciplinar continuada, pelo que deverão aplicar-se no âmbito do direito disciplinar do trabalho, por analogia, os princípios de direito penal quanto àquela figura. 5 – Por efeito da continuação, poderá relegar-se o início do prazo da prescrição para a cessação da execução, ou seja, para a prática do último ato que integra a continuação. 6 – A continuação criminosa assenta no pressuposto da existência de uma relação que, de fora, e de maneira considerável, facilitou a repetição da atividade criminosa, tornando cada vez menos exigível ao agente que se comporte de maneira diferente, pelo que, não sendo os factos reveladores de tal circunstancialismo, antes existe prática sucessiva de diversas infrações." – Acórdão do TRG, de 07 de janeiro de 2016, Processo n.º 36/14.4T8VRL.G1, disponível em http://www.dgsi.pt/jtrg.nsf/-/C473F8C1165CC83480257F610059D587.

Para o fazer, e, consequentemente, para poder aplicar a David a sanção disciplinar (máxima) do despedimento, o Banco tinha, através de um *instrumento* sujeito a uma tramitação própria, que averiguar toda a factualidade consubstanciadora da prática da infração disciplinar e as várias circunstâncias em que a mesma terá ocorrido.

É necessário um **procedimento disciplinar**[136].

No nosso sistema jurídico, o procedimento disciplinar (laboral) está consagrado legalmente em dois *blocos* normativos: no art. 329.º do CT – que trata do *procedimento disciplinar comum* – e nos arts. 352.º a 358.º do CT – que trata(m) do(s) *procedimento(s) disciplinar(es) para despedimento*.

A utilização dos referidos tipos/espécies de procedimento faz-se de acordo com a sanção disciplinar que o empregador considera, *a priori*, como a mais justa e proporcionada à falta disciplinar cometida pelo seu trabalhador.

Se ela permitir a conservação da relação jurídico-laboral, o procedimento disciplinar a escolher deverá ser o que está previsto no art. 329.º do CT (o *comum*). Se, pelo contrário, a sanção disciplinar a aplicar tiver como consequência a **cessação do contrato de trabalho**[137-138], o procedimento disciplinar deverá ser o dos arts. 352.º a 358.º do CT (i.e., o *especial para despedimento*)[139-140].

[136] O procedimento disciplinar laboral é, de facto e de direito, e por vontade expressa e classificação operada pelo próprio legislador, um *procedimento* e não um processo, só podendo equacionar-se a utilização da expressão *processo disciplinar* quando se está a fazer referência ao suporte físico e documental em que se materializa o procedimento disciplinar. Para mais e melhores desenvolvimentos acerca deste assunto, *vide* Pinheiro (2007, pp. 171-195).

[137] O art. 340.º do CT, além de outras legalmente previstas, estabelece, como *modalidades de cessação* do contrato de trabalho, e, respetivamente, nas suas als. *a)* a *h)*, a *caducidade*, a *revogação*, o *despedimento por facto imputável ao trabalhador*, o *despedimento coletivo*, o *despedimento por extinção de posto de trabalho*, o *despedimento por inadaptação*, a *resolução pelo trabalhador* e a *denúncia pelo trabalhador*.

[138] Para outros desenvolvimentos acerca desta importante temática da *cessação do contrato de trabalho*, *cf.*, entre outros, Martins (2017, pp. 709-710) e Martinez (2017, pp. 347-486).

[139] Porém, enquanto no *procedimento disciplinar especial para despedimento* quer a sua tramitação, quer as suas formalidades/exigências procedimentais e garantias de defesa do trabalhador, estão bem explicitadas, no que tange ao *procedimento disciplinar comum* o legislador laboral continua praticamente a escudar-se no n.º 6 do art. 329.º do CT, ou seja, apenas na necessidade de garantir a *audiência prévia do trabalhador*.

[140] Porém, e como bem faz notar Fernandes (2018, p. 167), "(...) não é rigorosamente exacto dizer-se que o art. 329.º contém o regime do procedimento para aplicação de sanções conservatórias, e os arts. 352.º e seguintes definem a específica regulamentação do processo

No caso em análise, uma vez que o Banco YES, S.A., pretende levar a cabo um **despedimento por facto imputável ao trabalhador** (*cf.* a al. *c)* do art. 340.º do CT), dever-se-á instaurar um procedimento disciplinar para aplicação da sanção de despedimento sem indemnização ou compensação (art. 328.º, n.º 1, al. *f)*, do CT).

Para tal, e em traços muito gerais, deverá comunicar, por escrito, a David a *intenção de proceder ao seu despedimento*[141], juntando *nota de culpa* com a descrição circunstanciada dos factos que lhe são imputados (art. 353.º, n.º 1, do CT)[142].

Com a notificação da nota de culpa, e se a presença de David na instituição bancária se mostrasse inconveniente (o que seria, *in casu*, assaz previsível), o Banco podia *suspendê-lo preventivamente*, mantendo o pagamento da sua retribuição (art. 354.º, n.º 1, do CT).

David disporia, nos termos do preceituado no n.º 1 do art. 355.º do CT, de um prazo de 10 dias úteis para *consultar o processo* e *responder à nota de culpa*, deduzindo por escrito os elementos relevantes para esclarecer os factos e a sua participação nos mesmos, podendo ainda juntar documentos e solicitar as diligências probatórias que se mostrassem pertinentes para o esclarecimento da verdade.

O Banco YES, S.A., deveria realizar as diligências probatórias requeridas por David na sua resposta à nota de culpa, a menos que as considerasse patentemente dilatórias ou impertinentes, não sendo, no entanto, obrigado a proceder à audição de mais do que 3 testemunhas por cada facto descrito na nota de culpa, nem mais de 10 no total (art. 356.º, n.ºs 1 e 3, do CT).

Concluída a instrução, o Banco disporia do prazo de 30 dias para proferir a decisão de despedimento, sob pena de caducidade do direito de aplicar a sanção, devendo tal decisão ser fundamentada e constar de documento escrito (art. 357.º, n.ºs 1 e 5, do CT).

para despedimento disciplinar. Os dois conjuntos de normas agem reciprocamente, integram uma estrutura normativa interactiva, influenciando os procedimentos empreendidos com qualquer finalidade sancionatória."

[141] Sob pena, não o fazendo, de *invalidade* do procedimento disciplinar e de *ilicitude* do despedimento, por força da al. *b)* do n.º 2 e da parte final do n.º 1 do art. 382.º do CT.

[142] O procedimento disciplinar será, igualmente, inválido se faltar a nota de culpa, ou se esta não for escrita ou não contiver a descrição circunstanciada dos factos imputados ao trabalhador (art. 382.º, n.º 2, al. *a)*, do CT).

A decisão determinaria a cessação do contrato de trabalho de David logo que chegasse ao seu poder ou fosse dele conhecida ou, ainda, quando só por culpa sua, não fosse por ele oportunamente recebida (n.º 7 do art. 357.º do CT).

B) CONCLUSÃO

Respondendo diretamente às duas questões formuladas supra e a que nos propusemos dar resposta, diríamos o seguinte:

a) *Sim. O Banco YES, S.A, enquanto titular do poder disciplinar, pode aplicar a David uma sanção disciplinar, uma vez que este cometeu uma infração disciplinar (continuada) que, pela sua gravidade e consequências, torna imediata e praticamente impossível a subsistência desta relação de trabalho;*

b) *A sanção disciplinar que, in casu, se afigura como a mais proporcionada à gravidade da infração cometida e à culpabilidade de David é a sanção expulsiva de despedimento sem indemnização ou compensação. Para que ela possa ser aplicada, o Banco YES, S.A., teria de instaurar, nos termos e para os efeitos do disposto nos arts. 352.º e seguintes do CT, um procedimento disciplinar especial para despedimento, que, mais do que provavelmente, culminaria na decisão de despedimento (por facto imputável ao trabalhador) e, consequentemente, na cessação do contrato de trabalho de David.*

Paulo Sousa Pinheiro
Professor Auxiliar da Faculdade de Direito da Universidade Lusíada – Norte (Porto)
Advogado

BIBLIOGRAFIA

Amado, João Leal (2014). *Contrato de Trabalho.* 4.ª ed. Coimbra: Coimbra Editora.

Castro, Inês Albuquerque e (2002). "A Repercussão do Tempo no Procedimento Disciplinar – Da Prescrição, Caducidade, Duração da Instrução e Inobservância do Prazo de Decisão", *in Estudos do Instituto de Direito do Trabalho.* Volume III. Coimbra: Almedina.

Fernandes, António Monteiro (2018). "O Procedimento Disciplinar para Aplicação de Sanções Conservatórias", *in Escritos de Direito do Trabalho.* Coimbra: Almedina.

Gomes, Júlio Manuel Vieira (2007). *Direito do Trabalho.* Volume I (Relações Individuais de Trabalho). S.l.: Coimbra Editora.

Martins, Pedro Furtado (2017). *Cessação do Contrato de Trabalho.* 4.ª ed. Cascais: Princípia.

Martinez, Pedro Romano (2017). *Da Cessação do Contrato.* Reimpressão da 3.ª ed. Coimbra: Almedina.

Pinheiro, Paulo Sousa (2007). "Procedimento Disciplinar ou Processo Disciplinar? – Uma Questão Puramente Terminológica ou Verdadeiramente Substancial?", *in Prontuário de Direito do Trabalho*, n.ºs 76-77-78.

Ramalho, Maria do Rosário Palma (2016). *Tratado de Direito do Trabalho.* Parte II (Situações Laborais Individuais) – 6.ª ed. Coimbra: Almedina.

Xavier, Bernardo da Gama Lobo (2014). *Manual de Direito do Trabalho.* 2.ª ed. Lisboa: Verbo.

Outras Formas de Cessação: Denúncia, Revogação e Resolução pelo Trabalhador

Ermelinda celebrou há 10 anos um contrato de trabalho sem termo com a empresa XPTO, S.A., auferindo pouco mais do que o salário mínimo nacional.

Há alguns meses atrás, recebeu uma oferta para trabalhar em Inglaterra, onde iria receber o quíntuplo do seu atual salário.

Quando chegou o final do mês, Ermelinda comunicou verbalmente à empregadora que aquele seria o último dia que trabalhava para a XPTO, S.A., pedindo que lhe fossem pagas todas as quantias a que tinha direito.

Foram pagas as quantias relativas ao salário daquele mês, às férias vencidas e não gozadas e correspondente subsídio e, ainda, os proporcionais de férias, subsídio de férias e subsídio de natal, referentes ao tempo de serviço prestado naquele ano.

Sucede que, nessa noite, enquanto assistia a uma reportagem na TV sobre a saída da Inglaterra da UE, Ermelinda refletiu melhor e decidiu regressar ao trabalho.

No dia seguinte, Ermelinda devolveu todas as quantias recebidas, com exceção da retribuição referente ao salário do mês anterior, e solicitou por escrito à XPTO, S.A. que desse sem efeito o pedido de demissão.

Como XPTO, S.A. não desejava o regresso de Ermelinda, sugeriu-lhe chegarem a um acordo, no sentido de fazer cessar o contrato de trabalho.

Ermelinda aceitou celebrar o acordo na condição de que o mesmo só produzisse efeito daí a seis meses.

> *O acordo foi celebrado por escrito, contendo, além do mais, as datas de celebração e de início de produção de efeitos e o estabelecimento de uma compensação pecuniária global, a título de indemnização pela cessação do contrato, a ser paga na data de cessação.*
>
> *No momento da celebração, foi solicitada a presença do solicitador da empresa, para que este reconhecesse presencialmente a assinatura de Ermelinda.*
>
> *Decorridos 7 dias, Ermelinda tentou entregar uma carta a XPTO, S.A., na qual comunicava a sua intenção de fazer cessar o acordo, mas a empregadora recusou-se a recebê-la.*
>
> *No dia seguinte, Ermelinda dirigiu-se aos correios e remeteu a carta para XPTO, S.A., através de registo postal com aviso de receção.*
>
> *Decorridos seis meses da celebração do acordo revogatório do contrato de trabalho, Ermelinda recebeu ordens da XPTO, S.A. para entregar o carro da empresa e dirigir-se ao departamento de recursos humanos para fazer contas, pois o contrato de trabalho havia terminado.*
>
> *Ermelinda recusou-se a fazer contas e continuou a apresentar-se na empresa todos os dias sem que lhe fosse atribuída qualquer tarefa.*
>
> *Quinze dias depois, sentindo-se muito deprimida, Ermelinda decidiu enviar uma carta registada com aviso de receção à XPTO, S.A., comunicando a extinção do contrato de trabalho com justa causa, indicando como fundamento a violação do art. 129.º, n.º 1, al. b), do CT, tendo em conta os factos supra descritos.*
>
> *Quid Juris?*

ENQUADRAMENTO DA FACTUALIDADE

- **Identificação das figuras jurídicas em causa:**

Denúncia do contrato de trabalho
Revogação do contrato de trabalho
Resolução do contrato de trabalho pelo trabalhador

Na factualidade supra descrita encontramos três figuras jurídicas distintas, que correspondem *per se* a diferentes modalidades de cessação do vínculo laboral (art. 340.º do CT).

A extinção do contrato de trabalho ocorre pela verificação de certo evento superveniente, a que a lei atribui esse efeito, ou pela vontade (unilateral ou bilateral) dos contraentes.

As figuras jurídicas em análise são formas de cessação do contrato de trabalho que dependem da vontade do trabalhador: por si só (denúncia e resolução) ou em concordância com o empregador (revogação).

- **Identificação dos sujeitos e problemas jurídicos a resolver**

No caso em análise, Ermelinda e a XPTO, S.A. celebraram entre si um contrato de trabalho, pelo que são, respetivamente, trabalhadora e empregadora.

O caso prático levanta várias questões que se prendem com as três formas distintas de extinção do contrato trabalho:

- Quanto à denúncia, que ocorre quando Ermelinda transmite a XPTO, S.A. a vontade unilateral e imotivada de extinguir o contrato, importa averiguar a sua validade e a possibilidade da XPTO, S.A. impedir o regresso da Ermelinda.
- Quanto à revogação, que ocorre quando a XPTO, S.A. e Ermelinda acordam na extinção do vínculo contratual, importa apurar a validade desse acordo revogatório e a possibilidade de Ermelinda o fazer cessar.
- Quanto à resolução por justa causa, que ocorre quando Ermelinda transmite à empregadora a decisão de extinguir o vínculo contratual, unilateralmente, invocando a violação de um dever da empregadora, importa saber se existe fundamento para resolver o contrato de trabalho por justa causa, se o procedimento de resolução foi regularmente efetuado e se a XPTO, S.A. pode impugnar esta resolução do contrato de trabalho.

- **Denúncia**

Caracterização da denúncia

A denúncia ocorre quando o trabalhador faz cessar o contrato de trabalho unilateralmente e sem necessidade de invocar qualquer motivo justificativo.

Há aqui, sem dúvida, uma manifestação clara dos princípios constitucionais da liberdade de desvinculação do trabalhador e liberdade de trabalho e profissão, que inviabiliza[143] qualquer tentativa de "agrilhoar" o trabalhador ao seu contrato de trabalho (art. 47.º da CRP).

Portanto, Ermelinda podia denunciar o contrato de trabalho que a vinculava a XPTO, S.A., sem necessidade de apresentar qualquer motivo justificativo.

Forma

De acordo com o n.º 1, do art. 400.º, do CT, a denúncia do contrato de trabalho deverá ser comunicada ao empregador por escrito[144], contando-se o prazo de aviso prévio a partir da data em que a denúncia é rececionada pelo empregador[145].

A inobservância de forma não implica a ineficácia ou invalidade da denúncia, mas meramente a irregularidade desta[146].

[143] A liberdade de desvinculação pode ser comprimida através de um pacto de permanência, porém, este pacto é permitido apenas como compensação ao empregador por despesas avultadas feitas com a formação profissional do trabalhador e pode ser afastado mediante a assunção pelo trabalhador do montante correspondente a essas despesas, conforme prevê o art. 137.º, do CT.

[144] Importa referir que a doutrina não é unânime quanto ao âmbito de aplicação da exigência de forma, defendendo a posição maioritária que a exigência formal respeita apenas ao aviso prévio da denúncia e não à denúncia em si mesma. Ver, nesse sentido, Amado (2018, p. 390) e, em sentido contrário, Martins (2017, p. 595). Sobre este ponto, veja-se o Acórdão do TRL, de 23 de janeiro de 2013, Processo n.º 690/10.6TTFUN.L1-4, disponível em http://www.dgsi.pt/jtrl.nsf/33182fc732316039802565fa00497eec/566d9ab39e2f981080257b0a005467c1?OpenDocument.

[145] Cfr. Lambelho e Gonçalves (2017, p. 332)

[146] Cfr. Martins (2017, pp. 595-597). A inobservância de forma da declaração de denúncia tem gerado alguma controvérsia, porém, a jurisprudência tem vindo a considerar que a comunicação escrita é uma formalidade *ad probationem*, não produzindo a sua falta a invalidade da denúncia. Veja-se, nesse sentido, o Acórdão do TRG, de 16 de fevereiro de 2017, Processo n.º 330/16.0T8BCL.G1, disponível em http://www.dgsi.pt/jtrg.nsf/c3fb530030ea1c61802568d9005cd5bb/cfa84c952e011f81802580e50059bd7?OpenDocument; Acórdão do STJ, de 15 de setembro de 2010, Processo n.º 293/07.2TTSNT.L1.S1, disponível em http://www.dgsi.pt/jstj.nsf/954f0ce6ad9dd8b980256b5f003fa814/f9cde8bc574b10b9802577a1004a3447?OpenDocument; No sentido de que a exigência de forma da declaração de denúncia assenta na proteção do declarante e não na concessão de uma garantia à entidade patronal, devendo ser feita por escrito, ver Martinez (2017, p. 416 e 417).

Assim, embora carecendo de forma, a denúncia do contrato de trabalho que ligava Ermelinda à XPTO, S.A. foi válida e produziu a extinção do contrato.

Aviso prévio

A par com o direito à liberdade de desvinculação do trabalhador impõe-se uma obrigação de aviso prévio que, em regra, será de 30 ou 60 dias, consoante o contrato de trabalho tenha, respetivamente, até dois anos ou mais de antiguidade (art. 400.º do CT)[147].

Tendo em conta que o contrato de trabalho de Ermelinda teve uma duração superior a 2 anos, esta, deveria ter avisado a empregadora com a antecedência de 60 dias, o que não fez.

Com efeito, Ermelinda apenas avisou que aquele seria o seu último dia de trabalho na XPTO, S.A..

O incumprimento do aviso prévio tem como consequência o direito do empregador a uma indemnização[148], cujo valor corresponderá à retribuição base e diuturnidades, calculada com referência ao período de aviso prévio em falta (art. 401.º do CT), podendo este valor ser aumentado caso se venha a provar que o empregador sofreu danos de valor superior[149].

Deste modo, a XPTO, S.A., querendo, podia exigir o pagamento de uma indemnização pela ausência do aviso prévio, correspondente a 60 dias de retribuição base e diuturnidades.

A indemnização poderia ainda incluir uma reparação pelos prejuízos e danos sofridos, desde que se conseguisse estabelecer o nexo de causalidade entre estes e a ausência de aviso prévio.

Nada impede que haja um acordo entre o trabalhador e empregador quanto à prescindibilidade do aviso prévio, mas será prudente a sua

[147] De notar que esta regra comporta duas exceções. Assim, a antecedência será de 30 ou 15 dias, nos contratos a termo resolutivo, consoante a duração do contrato seja de pelo menos seis meses ou inferior; ou até 6 meses, relativamente a trabalhador que ocupe cargo de administração ou direção, ou com funções de representação ou de responsabilidade, desde que previsto em IRCT e/ou em contrato de trabalho (art. 400.º, n.os 2 e 3, do CT).

[148] A inexistência ou insuficiência de aviso prévio não gera a invalidade ou a ineficácia da denúncia, mas tão-só a obrigação de indemnizar.

[149] Cfr. Lambelho e Gonçalves (2017, p. 332); Xavier (2018, p. 895); Martins (2017, p. 597).

redução a escrito, por forma a assegurar a prova, caso tal venha a mostrar-se necessário[150].

Direito ao arrependimento

O trabalhador tem a faculdade de revogar unilateralmente a denúncia do contrato.

A revogação da denúncia deverá ser comunicada ao empregador por escrito[151], até ao sétimo dia subsequente à data em que a denúncia chegou ao poder deste[152], acompanhada da restituição da totalidade do montante das compensações pecuniárias percebidas por efeito da cessação do contrato de trabalho (art. 402.º do CT).

Ermelinda comunicou por escrito à XPTO, S.A. a sua intenção de revogar a denúncia, respeitando o prazo legal de sete dias, e devolvendo todas as quantias que lhe tinham sido pagas com exceção do salário dos mês anterior.

Nos termos do art. 278.º, do CT, o crédito retributivo vence-se por períodos certos e iguais, que, salvo estipulação em contrário ou uso diverso, são a semana, a quinzena e o mês calendário.

Em Portugal o salário é pago geralmente no último dia útil de cada mês, e nada no caso prático nos leva a crer que na XPTO, S.A. fosse diferente.

O ónus do art. 350.º, n.º 3, do CT (*ex vi* do art. 402.º, n.º 2, do CT) apenas se aplica aos créditos laborais pagos em consequência da cessação do contrato e não às prestações retributivas vencidas no último mês da execução do contrato.

Assim, Ermelinda não teria que devolver a quantia correspondente ao salário vencido, mas sim as demais quantias, na medida em que respeitavam a créditos cujo vencimento ou liquidação dependia diretamente da cessação do contrato de trabalho.

[150] Ver Ramalho (2016, p. 955).

[151] A falta de observância da forma resultará na nulidade da declaração, nos termos gerais da lei civil (art. 220.º do CC).

[152] Se o trabalhador não puder assegurar a receção da comunicação dentro do prazo, deve enviá-la através de carta registada com aviso de receção, no dia útil subsequente ao fim do prazo (art. 350.º, n.º 2, *ex vi* do art. 402.º do CT).

O empregador pode afastar o direito ao arrependimento, através do reconhecimento notarial presencial da assinatura do trabalhador aposta no instrumento de denúncia[153].

No caso prático em análise, poderia parecer à primeira vista, atenta a irregularidade formal da denúncia, o afastamento *ab initio* de qualquer possibilidade de XPTO, S.A. recorrer a esta via como forma de obstar à revogação.

Contudo, importa referir que o art. 395.º, n.º 4, do CT (*ex vi* do art. 400.º, n.º 5, do CT) concede ao empregador o direito a *exigir* que a assinatura do trabalhador tenha reconhecimento notarial presencial.

Mesmo sem qualquer indicação específica na letra da lei, entendemos haver razão para fazer uma aplicação extensiva do art. 395.º, n.º 4, do CT, conferindo igualmente ao empregador o direito a exigir que a denúncia seja formalizada por escrito, quando tal se mostre necessário para efetivar o reconhecimento presencial da assinatura do trabalhador[154].

A XPTO, S.A, não solicitou a redação por escrito da denúncia nem o reconhecimento presencial da assinatura de Ermelinda.

Não logrando impedir a revogação da denúncia, esta seria válida, fazendo repristinar ou renascer o contrato de trabalho.

[153] O reconhecimento notarial presencial realizado por qualquer das entidades identificadas no art. 38.º, do Decreto-Lei n.º 76-A/2006, de 29 de março, tem gerado alguma controvérsia jurisprudencial. Por um lado, defende-se a competência exclusivamente notarial e afasta-se o reconhecimento presencial feito por advogado ou solicitador, por outro, afirma-se que o "*reconhecimento por notário não é mais qualificado do que o reconhecimento por advogado e este não deixa de ser um reconhecimento notarial*". Sobre este ponto, veja-se Acórdão do TRC, de 20 de março de 2014, Processo n.º 1736/12.9TTCBR.C1, disponível em http://www.dgsi.pt/jtrc.nsf/c3fb530030ea1c61802568d9005cd5bb/2bfd3b62bcefae0280257ca8005525b8?OpenDocument.

[154] Em sentido contrário, defendendo de "*que o empregador não poderá forçar o trabalhador, num caso de denúncia meramente verbal, a passá-la a escrito*", embora reconhecendo que esta questão arrasta consigo problemas que não são fáceis de ultrapassar, veja-se o Acórdão do TRL, de 29 de abril de 2015, Processo n.º 113/14.1TTFUN.L1-4, disponível em http://www.dgsi.pt/jtrl.nsf/33182fc732316039802565fa00497eec/98e54a4fd75bd1b780257e490056bb3b?OpenDocument.

- **Revogação**

Caracterização da revogação

A revogação ocorre quando as partes, por mútuo acordo, decidem fazer cessar o contrato de trabalho, sem que para isso tenham de invocar qualquer motivo justificativo.

Tal como acontece com a denúncia, também a revogação encontra sustentação no princípio da liberdade de trabalho e profissão, atribuindo-se ao trabalhador total liberdade para decidir sobre a cessação do contrato de trabalho.

Nesta modalidade, porém, o empregador tem uma "palavra a dizer", não rara vez, "a primeira palavra".

Com efeito, a revogação bilateral assume-se como instrumento capaz de contornar as dificuldades materiais e procedimentais ligadas à cessação do vínculo laboral por iniciativa do empregador, razão pela a qual é comumente conhecida como "despedimento negociado" ou "despedimento pago"[155].

Forma

A exigência de forma escrita[156] para a revogação decorre do art. 349.º, n.º 2, do CT, onde se estatui que o acordo "deve constar de *documento* assinado por ambas as partes, ficando cada uma delas com *um exemplar*" (itálico nosso).

A inobservância de forma acarreta a nulidade do acordo revogatório, nos termos do art. 220.º do CC[157].

[155] Amado (2018, p. 319); Martins (2017, p. 131).

[156] Verifica-se aqui um desvio à regra geral do art. 221.º, n.º 2, do CC, que prevê que os atos posteriores à celebração de um negócio jurídico adotem a forma exigida para o próprio negócio. A exigência de forma escrita para o acordo revogatório, em contraposição com a liberdade de forma do contrato de trabalho (art. 110.º do CT), visa proteger o trabalhador, permitindo-lhe melhor ponderar a sua decisão de pôr fim ao contrato e facilitar a prova do acordo. Ver Martins (2017, p. 126).

[157] Cfr. Amado (2018, p. 320). Há unanimidade na doutrina quanto à natureza *ad substantiam* da forma, pelo que esta não poderá ser substituída por outro meio de prova que não seja o documento escrito. Ver, nesse sentido, Xavier (2018, p. 776); Martins (2017, p. 127). Nos termos conjugados dos arts. 286.º e 289.º do CC, a nulidade poderá ser invocada a todo o tempo por qualquer interessado ou oficiosamente pelo tribunal, devendo ser restituído

No caso prático em análise, o acordo foi redigido por escrito, observando a forma legalmente exigida.

Formalidades

Para além da necessidade de obedecer à forma escrita, o acordo revogatório deverá conter a indicação das datas da sua celebração e do início da produção de efeitos, bem como a assinatura de ambas as partes (art. 349.º, n.os 2 e 3, do CT)[158].

A revogação do contrato de trabalho acordada entre Ermelinda e XPTO, S.A. foi reduzida a escrito e continha as datas de celebração e de início de produção de efeitos, cumprido as formalidades exigidas para que produzisse o fim pretendido pelas partes, ou seja, a extinção do contrato de trabalho.

Direito ao arrependimento

Tal como sucede com a denúncia, o trabalhador tem a faculdade de fazer cessar unilateralmente o acordo revogatório, através da comunicação por escrito ao empregador, até ao sétimo dia subsequente à data da sua celebração, junto com a restituição da totalidade do montante das compensações pecuniárias recebidas por efeito do cumprimento do acordo ou da cessação do contrato de trabalho (art. 350.º do CT).

Ermelinda tentou comunicar a intenção de fazer cessar o acordo revogatório por carta dirigida à XPTO, S.A., dentro do prazo de sete dias subsequentes à sua celebração.

tudo o que tiver sido prestado ou, se a restituição em espécie não for possível, o valor correspondente. Sobre este ponto, veja-se Acórdão do TRE, de 31 de maio de 2012, Processo n.º 33/11.1TTSTB.E1, disponível em http://www.dgsi.pt/jtre.nsf/134973db04f39bf2802579bf005f080b/bf30ca8aeda03cb380257de10056f89d?OpenDocument. Aceitando a extinção do contrato de trabalho por acordo revogatório tácito, veja-se Acórdão do STJ, de 11 de maio de 2000, Processo n.º 38/00, disponível em http://www.pgdlisboa.pt/jurel/stj_print_busca.php?buscajur=&areas=3&res_print=x917x,x918x,x919x,x920x,x921x,x922x,x940x,x941x,x942x,x943x,x944x,x945x,x946x,x947x,x948x,x949x,x950x,x1014x,x1015x,x1016x,x1017x,x1018x,x1019x,x1020x,x1021x&r_exibe=3351-3375&nresultados=4453.

[158] A assinatura apenas por uma das partes, por si só, invalida o acordo. Veja-se, sobre esse ponto, Acórdão do STJ, de 11 de maio de 1997, Processo n.º 97S098, disponível em http://www.dgsi.pt/jstj.nsf/954f0ce6ad9dd8b980256b5f003fa814/ffe42efe6351286a802568fc003bb92e?OpenDocument.

Face à recusa de XPTO, S.A., Ermelinda enviou carta registada com aviso de receção, em conformidade com o permitido pelo art. 350.º, n.º 2, do CT.

Não foram recebidas por Ermelinda quaisquer quantias em cumprimento do acordo ou efeito da sua cessação que carecessem de ser restituídas, pelo que a cessação do acordo revogatório obedeceu às exigências legais para a sua eficácia.

O empregador pode afastar o direito ao arrependimento, através do reconhecimento notarial presencial de *ambas* as assinaturas apostas no acordo revogatório[159].

No acordo revogatório aqui em análise, apenas a assinatura de Ermelinda foi sujeita a reconhecimento presencial, de como assim, não se cumprido o ónus do n.º 4, do art. 350.º, do CT, mantinha-se o direito de arrependimento e a faculdade que a trabalhadora tinha de o fazer cessar.

- **Resolução pelo trabalhador**

Caracterização da resolução com justa causa

A resolução com justa causa ocorre quando o trabalhador faz cessar imediatamente o contrato de trabalho, devido à verificação de uma situação que torna inexigível a manutenção do vínculo laboral.

Esta modalidade difere da denúncia e da revogação, porque requer uma ***justa causa*** como fundamento para a cessação do contrato de trabalho.

A justa causa pode ser **subjetiva**, quando resulta de comportamentos do empregador que culposamente violem direitos e/ou garantias do trabalhador, ou **objetiva**, quando resulta de circunstâncias relacionadas com o trabalhador ou com a prática de atos lícitos pelo empregador (art. 394.º do CT).

[159] "*É necessário o reconhecimento da assinatura das duas partes do acordo de revogação do contrato de trabalho para que o trabalhador perca o direito potestativo de fazer cessar tal acordo (...) há dois acordos, um para revogar o contrato e outro para excluir a faculdade de revogação – há um e um só acordo de revogação e não se vê por que é que a presença de uma das partes do contrato de trabalho e do acordo de revogação do mesmo há de ser mais ou menos importante do que a da outra*". Cfr. Acórdão do STJ, de 03 de janeiro de 2018, Processo n.º 30130/16.0T8LSB.L1.S1, disponível em http://www.dgsi.pt/jstj.nsf/954f0ce6ad9dd8b980256b5f003fa814/c17d469156f4dc1280258244003a6c1c?OpenDocument.

No nosso caso prático, Ermelinda invoca uma justa causa subjetiva, ou seja, a violação culposa de um dever da empregadora.

Justa causa subjetiva

O n.º 2, do art. 394.º, do CT, enumera várias situações que poderão constituir fundamento para a resolução com justa causa do contrato de trabalho por parte do trabalhador. Todavia, as situações aí enunciadas, por si só, não constituem fundamentos de justa causa.

Com efeito, além do comportamento culposo ali descrito, o legislador determina que este e/ou as suas consequências se revista(m), simultaneamente, de uma *gravidade* tal que, tendo em conta o grau da lesão dos interesses do trabalhador, o carácter das relações entre as partes ou entre o trabalhador e os seus companheiros e as demais circunstâncias que no caso sejam relevantes, torne(m) prática e imediatamente impossível a manutenção da relação de trabalho (art. 351.º, n.º 3, *ex vi* do art. 394.º, n.º 4, do CT)[160].

Para além disso, as situações geradoras de justa causa subjetiva para a resolução do contrato de trabalho por iniciativa do trabalhador não se limitam apenas às enunciadas no n.º 2, do art. 394.º, do CT, mas também toda e qualquer causa que cumpra os critérios de culpa e gravidade suprarreferidos[161].

Por estarmos no domínio da responsabilidade contratual, a culpa do empregador pelo incumprimento presume-se, nos termos gerais do art. 799.º, n.º 1, do CC, incumbindo-lhe fazer prova de que o incumprimento não se originou por culpa sua[162].

No nosso caso prático, Ermelinda alegou como justa causa para resolução do contrato de trabalho a violação do direito à ocupação efetiva, previsto no art. 129.º, n.º 1, al. *b)*, do CT.

O direito do trabalhador à ocupação efetiva não é um direito absoluto.

[160] Cfr. Lambelho e Gonçalves (2017, p. 323); Martins (2017, p. 582-584).

[161] *Ibidem.*

[162] A falta de pagamento pontual da retribuição que se prolongue por um período de 60 dias ou a assumção por escrito pelo empregador da não previsão do pagamento da retribuição em falta, até ao termo daquele prazo, considera o incumprimento culposo. Significa que estamos perante uma presunção *iuris et de iure,* que não admite prova em contrário (art. 394.º, n.º 5, do CT). Ver Lambelho e Gonçalves (2017, pp. 324 e 325).

Pode suceder que o empregador tenha uma justificação objetiva que o impeça de atribuir tarefas ao trabalhador, como por exemplo, uma escassez transitória de matérias-primas, a redução das encomendas e outra situação de crise.

Sendo essa a circunstância, o empregador sempre poderá provar que não teve culpa (art.º 342.º, n.º 2, do CC).[163]

No caso prático em análise, Ermelinda foi sujeita à inatividade funcional por exclusiva responsabilidade da XPTO, S.A..

Este comportamento culposo da empregadora, que visava coagir a trabalhadora a cessar o vínculo laboral contra sua vontade, constituiu uma clara violação das garantias legais da trabalhadora, passível de se subsumir na situação prevista no art. 394.º, n.º 2, al. *b)*, do CT).

Tanto o comportamento da XPTO, S.A., como as consequências deste, foram suficientemente graves para tornar prática e imediatamente impossível a manutenção da relação laboral.

Verifica-se, assim, existir a invocada justa causa para resolução do contrato de trabalho.

Procedimento

O procedimento de resolução do contrato de trabalho com justa causa, de iniciativa do trabalhador, requer que este comunique por escrito ao empregador a intenção de resolver o contrato, indicando sucintamente os factos justificativos[164], no prazo de 30 dias a contar da data em que estes chegam ao seu conhecimento (art. 395.º, n.º 1, do CT)[165].

[163] Veja-se, nesse sentido, o Acórdão do TRC, de 17 de dezembro de 2014, Processo n.º 250/13.0TTGRD.C1, disponível em http://www.dgsi.pt/jtrc.nsf/8fe0e606d8f56b22802576c0005637dc/11b10797dda9b00680257dc500533790?OpenDocument.

[164] Na apreciação da justa causa o juiz apenas poderá atender aos factos indicados pelo trabalhador na comunicação de resolução, pelo que tudo aconselha a que a fundamentação, ainda que sucinta, seja capaz de sustentar a justa causa. Cfr. Lambelho e Gonçalves (2017, p. 330).

[165] Se a resolução com justa causa se dever à falta de pagamento pontual da retribuição pelo período de 60 dias ou pela assunção escrita pelo empregador do não pagamento da retribuição em falta, até ao termo daquele prazo, o prazo de 30 dias conta-se a partir do termo do período de 60 dias ou da declaração do empregador (art. 395.º, n.º 5, do CT). Também, no caso de a fundamentação da resolução ser a necessidade de cumprimento de obrigação legal incompatível com a continuação do contrato, a comunicação deve ser efetuada logo que possível.

Ermelinda remeteu a XPTO, S.A., através de carta regista com aviso de receção, a resolução do contrato com justa causa, invocado como fundamento a violação pela empregadora do dever de ocupação efetiva.

A comunicação foi tempestiva, porquanto foi efetuada 15 dias após o início da verificação da violação do dever de ocupação efetiva.

Rececionada a comunicação pelo empregador, o vínculo laboral extinguiu-se de imediato, sem necessidade de observar qualquer prazo de aviso prévio.

Direito ao arrependimento

Salvo nos casos em que o direito ao arrependimento tenha sido afastado através do reconhecimento presencial da assinatura do trabalhador, este, poderá revogar a resolução do contrato de trabalho até ao sétimo dia seguinte àquele em que a mesma chega ao poder do empregador, devendo colocar à disposição do empregador a totalidade do montante das compensações pecuniárias pagas por efeito da cessação do contrato [166].

A XPTO, S.A. não exigiu a assinatura de Ermelinda, pelo que esta, querendo, poderá revogar a resolução do contrato até ao sétimo dia seguinte à data em que a carta chegou ao poder do empregador.

Ilicitude da resolução

A resolução do contrato considera-se ilícita quando inexiste justa causa ou sofre de um vício procedimental[167].

Ocorrendo um ou ambos os ilícitos o empregador pode impugnar judicialmente a resolução no prazo de um ano a contar da data de cessação do contrato.

Decidindo o tribunal pela improcedência da justa causa para resolução do contrato, o empregador tem o direito a ser indemnizado pelos prejuízos causados, nos termos previsto para a denúncia sem aviso prévio (art. 401.º *ex vi* do art. 399.º, do CT)[168].

[166] É aplicável ao direito de arrependimento da resolução com justa causa o referido nas notas de rodapé n.º 8, 9 e 16.

[167] É permitido ao trabalhador corrigir um vício procedimental até ao termo do prazo para contestar, mas apenas pode utilizar esta faculdade uma vez (art. 398.º, n.º 4, do CT).

[168] Remissão para a nota de rodapé n.º 3.

Apesar de, no caso em apreço, se verificar justa causa para resolução, a empregadora terá sempre a faculdade de impugnar a resolução (por inexistência de justa causa ou vício procedimental), através de uma ação intentada em tribunal, no prazo de um ano a contar da data da resolução (art.º 398.º, n.ºs 1 e 2, do CT).

CONCLUSÃO

Considerando a análise que antecede, podemos agora dar resposta às questões suscitadas no presente caso prático:

1) *Apesar de irregular (por existência de um vício de forma) a denúncia de Ermelinda era válida, porém não produziu os efeitos extintivos, por haver sido revogada. A revogação da denúncia era igualmente válida (obedecendo à forma exigida) e tempestiva. A XPTO, S.A. poderia ter impedido o regresso de Ermelinda se, aquando da denúncia, exigisse que esta fosse formalizada por escrito e a assinatura da trabalhadora reconhecida presencialmente.*
2) *O acordo revogatório celebrado entre Ermelinda e a XPTO, S.A. era válido, obedecendo à forma e formalidades exigidas. Todavia, atento o reconhecimento presencial da assinatura de apenas um dos contraentes, ficou afastada a possibilidade de XPTO, S.A. impedir a trabalhadora de o fazer cessar. A cessação do acordo por Ermelinda foi válida (obedecendo à forma exigida) e feita dentro do prazo, o que resultou na extinção do acordo revogatório.*
3) *A justa causa invocada por Ermelinda é fundamento suficiente para a resolução do contrato e o procedimento foi regularmente efetuado. A XPTO, S.A. pode intentar ação judicial para impugnar a resolução do contrato de trabalho (tentando provar a ausência de justa causa). Todavia, atenta a gravidade do seu comportamento culposo, tudo aponta para a improcedência da impugnação.*

ANA MARGARIDA DURO DE AZEVEDO
Assistente Convidada na ESTG – Instituto Politécnico de Leiria

BIBLIOGRAFIA

AMADO, João Leal (2018). *Contrato de Trabalho – Noções Básicas*. 2.ª edição. Coimbra: Almedina.

LAMBELHO, Ana *e* GONÇALVES, Luísa Andias (2017). *Direito do Trabalho: da teoria à prática*. 1.ª edição. Lisboa: Rei dos Livros.

MARTINEZ, Pedro Romano (2017). *Da Cessão do Contrato*. 3.ª edição. Coimbra: Almedina.

MARTINS, Pedro Furtado (2017). *Cessação do Contrato de Trabalho*. 4.ª edição. Cascais: Principia.

RAMALHO, Maria do Rosário Palma (2016). *Tratado de Direito do Trabalho Parte II – Situações Laborais Individuais*. 6.ª edição. Coimbra: Almedina.

XAVIER, Bernardo da Gama Lobo (2018). *Manual de Direito do Trabalho*. 3.ª edição. Lisboa: Rei dos Livros.

Greve

O trabalhador António não é sindicalizado mas aderiu a uma greve convocada pelo Sindicado dos Trabalhadores do Comércio e Serviços (STCS). A entidade empregadora Supermercados Unidos, SA registou a ausência do trabalhador como falta injustificada por considerar que a greve foi convocada no sentido de reivindicar aumentos salariais, sendo certo que estava em vigor um acordo de empresa celebrado com o STCS que incluía tabela salarial e que contemplava uma cláusula de paz social. António questionou a administração da Supermercados Unidos, SA sobre o fundamento legal para a falta injustificada e a empregadora respondeu com a indicação do art. 541.º, n.º 1 do Código do Trabalho. António não se conforma com o fundamento invocado pela administração da entidade empregadora, entende que não incorreu em qualquer falta injustificada e, por esse motivo, pretende que lhe seja paga a retribuição correspondente aos dias de greve.

Quid Juris?

A) ENQUADRAMENTO DA FACTUALIDADE

- **Identificação das figuras jurídicas em causa**

A greve é um instituto jurídico cujo tratamento se integra na disciplina do regime jurídico da relação coletiva de trabalho. Trata-se de um direito dos trabalhadores que merece consagração constitucional no domínio dos direitos, liberdades e garantias, mais concretamente no art. 57.º, n.º 1, da Constituição da República Portuguesa (CRP).[169]

A circunstância de o direito à greve estar previsto no elenco dos direitos, liberdades e garantias implica que o mesmo pode ser oposto diretamente a todas as entidades públicas e privadas (isto é, o direito à greve pode ser oposto independentemente da existência ou dos termos da sua regulação pelo legislador ordinário) e implica que o legislador ordinário só pode estipular restrições ao seu exercício na medida do necessário à salvaguarda de outros direitos ou interesses com dignidade constitucional, restrições essas que devem revestir carácter geral e abstrato, não podem ter efeito retroativo e não podem diminuir a extensão e o alcance do seu conteúdo essencial (art. 18.º, n.os 1 a 3, da CRP)[170].

O direito à greve está regulado nos arts. 570.º e ss. do Código do Trabalho (CT). A lei não faculta a definição do fenómeno greve mas da disciplina do instituto decorre que a mesma se traduz numa abstenção pelos trabalhadores do exercício da atividade contratada (designadamente quando opõe o direito à greve à liberdade de trabalho dos não aderentes, quando proíbe a substituição dos grevistas, quando determina que a greve suspende o contrato de trabalho do trabalhador aderente, quando impõe que, em determinadas circunstâncias, sejam prestados serviços mínimos obrigatórios ou quando comina com a sanção de falta injustificada a adesão pelo trabalhador a uma greve ilegal – arts. 533.º, 535.º, n.os 1 e 2, 536.º, n.os 1 e 2, 537.º, n.º 1, e 541.º, n.º 1, do CT).[171] A abstenção

[169] Muito embora de forma ténue (designadamente por omissão de referências explícitas em convenções da Organização Internacional do Trabalho ou na Declaração Universal dos Direitos Humanos), o direito à greve está igualmente consagrado no art. 28.º da Carta dos Direitos Fundamentais da União Europeia, no art. 6.º da Carta dos Direitos Fundamentais dos Trabalhadores (Carta Social Europeia) e no art. 8.º, n.º 1, al. *d)*, do Pacto Internacional dos Direitos Económicos, Sociais e Culturais.

[170] Sobre a circunstância de a greve integrar o elenco dos direitos, liberdades e garantias, Canotilho e Moreira (2007, pp. 751, 757 e 758).

[171] A doutrina aborda habitualmente outras manifestações de protesto que não deverão ser tidas como greves lícitas – cfr. Canotilho e Moreira (2007, p. 753), Fernandes (2014, pp. 811 e ss.), Ramalho (2012, pp 432 e ss), Xavier (2018, pp. 178 e ss.) e Cordeiro (2019, pp. 789 e ss.). Mas a abstenção de atividade mantém-se como elemento essencial sem o qual o protesto não constitui uma greve ou não constitui uma greve lícita. Como refere Monteiro Fernandes "O direito de greve significa, para cada trabalhador, a possibilidade de, em certas condições (nomeadamente a do enquadramento coletivo), deixar de cumprir o compromisso contratual – mas não a de, exercendo porventura o *tipo* de atividade prometido, o fazer em termos

é concertada, coletiva (mais ou menos alargada consoante a adesão que mereça por parte dos trabalhadores) e está subordinada a um objetivo de reivindicação laboral, ainda que indireta, isto é, a convocação de uma greve, enquanto manifestação de litígio, visa a cedência por parte do empregador em prol da defesa e promoção de um interesse comum, tendencialmente de natureza laboral[172-173] (arts. 57.º, n.º 2, da CRP e 530.º, n.º 2, do CT).[173]

por si mesmo ordenados ou predispostos a causar um prejuízo à contraparte. A negação da disponibilidade (e, por conseguinte, da subordinação) só pode ter-se por correspondente a um direito na medida em que se traduz na *omissão do comportamento devido*; não assim se se manifestar por um *comportamento diverso* e *substitutivo* daquele." – Fernandes (2014, p. 820).

[172] O caderno reivindicativo associado à greve coloca a questão de saber se a pretensão dos trabalhadores deve ou não ter um carácter laboral estrito. Embora ressalvem o caso de greves convocadas contra o Estado de Direito, contra interesses de ordem pública ou greve revolucionárias, Gomes Canotilho e Vital Moreira referem que "o direito de greve não é dirigido apenas à obtenção de vantagens que estejam na disponibilização de entidades empregadoras (ex.: interesses profissionais), podendo estender-se a domínios em que se recortam interesses completamente distintos, não tendo qualquer fundamento um modelo exclusivamente «laboral» de greve" [Canotilho e Moreira (2007, p. 756)]. Maria do Rosário Palma Ramalho subscreve o mesmo entendimento mas admite que o recurso à greve seja vedado de acordo com o critério do fim social e económico do direito, impedindo greves cujos objetivos não sejam funcionalizados à condição de trabalhadores (interesses próprios de consumidores ou pais ou cidadãos) [Ramalho (2012, pp. 445 e 446)]. Com um entendimento mais restritivo, Romano Martinez defende que a greve é ilícita se o objetivo não for de natureza laboral (por exemplo, uma greve para derrubar o governo). O autor refere concretamente o seguinte: "é a entidade patronal quem suporta o risco inerente à greve, designadamente devendo pagar o salário dos trabalhadores não grevistas e as indemnizações por incumprimento para com terceiros. Só será justo que o empregador suporte tal risco se tiver a possibilidade de satisfazer a pretensão dos trabalhadores." [Martinez (2017, pp. 1222)]. A jurisprudência tem vindo a admitir como lícitas pretensões de greve cuja satisfação não está ao alcance do empregador (por exemplo, o Acórdão do TRE, 22 de junho de 2004, processo n.º 1115/04-2, disponível em www.dgsi.pt a propósito de uma greve de protesto contra a aprovação do CT). Menezes Cordeiro salienta que a greve não pode ter um objetivo (jurídica ou fisicamente) impossível ou indeterminável, contrário à ordem pública ou atentatório dos bons costumes [Cordeiro (2019, p. 831)].

[173] A questão do objetivo reivindicativo que preside à convocação da greve pode também ser tratado do ponto de vista da proporcionalidade entre os fins pretendidos pelos trabalhadores e o prejuízo que infligem na esfera do empregador ou de terceiros. Partindo sempre do dever de boa-fé Maria do Rosário Palma Ramalho defende que a licitude da greve não está subordinada a um princípio de proporcionalidade entre a perda salarial assumida pelos trabalhadores e o prejuízo causado aos empregadores (por exemplo, à luz dos exemplos da greve trombose ou setor-chave) mas admite a figura do abuso de direito de greve por exemplo nos

O direito à greve manifesta-se em termos coletivos e individuais.

Em termos coletivos porque a greve é convocada (decidida, declarada e anunciada) por sindicatos (sem limitações em termos de representatividade mínima), ou seja, na génese do exercício do direito à greve está uma iniciativa do específico sujeito coletivo associação sindical. É certo que a greve pode ainda ser convocada em assembleia de trabalhadores, mas essa possibilidade depende da ausência das estruturas sindicais de representação coletiva dos trabalhadores, como que suprindo essa insuficiência. Assim, se a maioria dos trabalhadores não estiver representada por sindicatos, a assembleia convocada por 20% ou 200 trabalhadores, em cuja votação participe a maioria dos trabalhadores e com deliberação aprovada por voto secreto pela maioria dos votantes, pode também convocar uma greve (art. 531.º, n.ºs 1 e 2, do CT).

Em termos individuais porque a concretização da greve depende necessariamente da adesão individual por parte dos trabalhadores que deixam de comparecer ao trabalho.[175]

Do ponto de vista do trabalhador aderente, a greve suspende o efeito do contrato, incluindo o direito à retribuição e os deveres de subordinação e assiduidade, mantendo-se todos os direitos e deveres que não pressuponham a efetiva prestação de trabalho (art. 536.º, n.ºs 1 e 2, do CT).

A adesão à greve não está dependente da filiação sindical do trabalhador aderente, de tal modo que pode aderir à greve um trabalhador não filiado na associação sindical que convoca a greve ou filiado em diferente associação sindical.[176]

casos de greve com efeitos retroativos ou greve *self service* (os trabalhadores ultrapassam os limites funcionais do direito de greve) [Ramalho (2012, pp. 432 e 441)]. Romano Martinez defende que a greve pode ser ilícita se prosseguir fins ilícitos (a greve para enfraquecer a empresa e favorecer um concorrente) ou se visar infligir um prejuízo exorbitante ao empregador em relação às pretensões exigidas pelos trabalhadores) [Martinez (2017, p. 1223)].

[174] Apesar da falta de definição legal, é pacífico o entendimento de que a greve constitui um fenómeno de abstenção ao trabalho, coletivo, concertado e subordinado a uma pretensão comum [Fernandes (2014, pp. 809 a 811), Leitão (2016, p. 632), Martinez (2017, pp. 1219 a 1220) ou Cordeiro (2019, p. 789 e ss.)]. No mesmo sentido, ao nível da jurisprudência, Acórdão do STJ, de 4 de outubro de 1995, processo n.º 004218, disponível em www.dgsi.pt.

[175] Bernardo da Gama Lobo Xavier salienta que a concretização da greve (e o consequente efeito de suspensão dos contratos de trabalho) não fica dependente da expressão numérica mínima dos trabalhadores aderentes, bastando que um único trabalhador decida aderir [Xavier (2018, p. 166)].

[176] Ramalho (2012, p. 471).

A ausência do trabalhador faz presumir a adesão à greve. O trabalhador que esteja ausente por circunstâncias que não se prendem com a adesão à greve deve comunicar o estado de não adesão se as circunstâncias que o impedem de comparecer não forem já conhecidas pelo empregador.[177]

B) IDENTIFICAÇÃO DOS SUJEITOS E PROBLEMAS JURÍDICOS A RESOLVER

- **Direito à remuneração pelo trabalhador em greve**

Como anteriormente se referiu, a greve provoca uma suspensão no contrato de trabalho do trabalhador que adere à greve, suspensão que inclui o direito à remuneração (art. 536.º, n.º 1, do CT). Assim sendo, o trabalhador não tem direito à remuneração correspondente ao dia de greve.[178]

Mas o dia de greve também não pode ser registado como falta injustificada nem a ausência do trabalhador pode ser tida como infração disciplinar. Não há falta injustificada porque o contrato está suspenso quanto ao dever de assiduidade ou em tudo quanto contenda ou pressuponha a efetiva prestação de trabalho. E não pode haver sanção disciplinar pela ausência ao trabalho porque um dos elementos constitutivos do conceito de infração é a ilicitude do comportamento do trabalhador (incumpri-

[177] Monteiro Fernandes entende que a presunção não é aplicável a trabalhadores filiados em associações sindicais que não convocam a greve e trabalhadores não sindicalizados [Fernandes (2014, p. 838)]. Se assim for, para estes trabalhadores a adesão à greve depende da comunicação ao empregador da expressa manifestação de vontade de aderir (como se o trabalhador justificasse a falta com a adesão à greve). No sentido defendido pelo autor, o Acórdão do TRP, de 5 de março de 2018, processo n.º 2292/16.4T8VFR.P1, disponível em www.dgsi.pt. Em sentido contrário, o Acórdão do TRL, de 20 de janeiro de 1993, processo n.º 0078324, disponível em www.dgsi.pt admitindo que a presunção de aplique para trabalhadores não sindicalizados com o argumento de que o direito à greve é dos trabalhadores e não das associações sindicais.

[178] A perda de retribuição diz apenas respeito ao dia de greve, independentemente dos reflexos (prejuízos) que a paragem dos trabalhadores possa ter do ponto de vista da demora ou do custo associado à recuperação da regular laboração da empresa (Acórdão do TRE, de 11 de fevereiro de 2016, processo n.º 19/14.4T8STC.E1, disponível em www.dgsi.pt). Contudo, por exemplo, no caso de greves intermitentes, o Acórdão do TRL, de 28 de outubro de 1998, processo n.º 0049204, disponível em www.dgsi.pt, também admitiu o desconto do período inutilizado pela greve a acrescer ao período de greve propriamente dito.

mento de deveres ou agressão a valores jurídico-laborais) e a ilicitude sempre seria excluída pela circunstância de o trabalhador se ter abstido de desempenhar a atividade que lhe compete no contexto do exercício de um direito, isto é, o direito à greve.

A perda de retribuição não se repercute nos subsídios de Natal e de férias, nem nos complementos remuneratórios que não estejam diretamente relacionados com o desempenho da atividade do trabalhador no período de greve (mas perde, por exemplo, eventuais subsídios de refeição ou de transporte)[179]. Por outro lado, estando o contrato suspenso e não havendo falta do trabalhador que adere à greve, a sua ausência não pode relevar para efeitos de não pagamento de eventual prémio de assiduidade, como se conclui no Acórdão do STJ, de 4 de março de 2009, processo n.º 08S1687, ou no Acórdão do TRE, de 19 de dezembro de 2013, Processo n.º 102/12.0TTBJA.E1, ambos disponíveis em www.dgsi.pt.

- **Responsabilidade do trabalhador aderente em caso de greve irregularmente convocada**

Convocação da greve

A convocação da greve não depende de requisitos de representatividade mínima da associação sindical.[180]

A convocação regular da greve por parte de associação sindical depende essencialmente do cumprimento de uma obrigação de aviso prévio. O sindicato deve dirigir ao empregador ou associação de empregadores e ao Ministério responsável pela área laboral um aviso de greve, respeitando a antecedência mínima de 5 dias úteis. O aviso deve ser efetuado por meios idóneos, ou seja, meios que garantam a efetiva possibilidade de conhecimento do mesmo pelo respetivo destinatário, designadamente mediante envio de comunicação escrita ou divulgação nos órgãos de comunicação social (art. 534.º, n.os 1 e 2, do CT).[181]

[179] Martinez (2017, p. 1249).

[180] Em sentido aparentemente contrário (exigindo que o sindicato represente pelo menos um trabalhador), Martinez (2017, p. 1226) –"Por outro lado, para declarar a greve, o sindicato deve ter uma representação, ainda que diminuta, na empresa; por isso, o sindicato de motoristas, sem nenhum trabalhador sindicalizado numa empresa, não poderá declarar uma greve de motoristas dessa empresa."

[181] A apreciação da idoneidade da forma de divulgação do pré-aviso pode ser função de características concretas dos agentes envolvidos [Fernandes (2014, pp. 836 e 837) e Ramalho

Se a greve afetar empresa ou estabelecimento que se destine à satisfação de necessidades sociais impreteríveis,[182] o prazo do aviso prévio é de 10 dias úteis (art. 534.º, n.º 1, do CT).

Finalmente, o aviso deve identificar a associação sindical que convoca a greve, indicar os trabalhadores abrangidos e a data de início da greve.[183] Para além dessas indicações, o aviso deve ainda conter proposta de definição dos serviços necessários à segurança e manutenção de equipamento e instalações e, estando em causa empresa ou estabelecimento que se destine a satisfazer necessidades sociais impreteríveis, proposta de serviços mínimos. Em qualquer caso a formalidade de proposta pode ser dispensada por instrumento de regulamentação coletiva que defina os serviços mínimos ou os serviços necessários à segurança e manutenção de equipamentos e instalações, devendo então fazer-se menção no aviso do instrumento de regulamentação coletiva em causa (art. 534.º, n.os 3 e 4, do CT).

O aviso prévio não deixa de ser necessário ainda que o recurso à greve seja decidido e a greve convocada em assembleia de trabalhadores. Nesse caso, compete à assembleia eleger uma comissão de greve a quem incumbirá assegurar o cumprimento da obrigação de aviso prévio (art. 532.º, n.º 1, *in fine*, do CT).

(2012, p. 452)]. Menezes Cordeiro salienta que da exigência de pré-aviso visa evitar greves-surpresa "que poderiam provocar danos desmesurados e apanhar o público desprevenido" [Cordeiro (2019, p. 806)].

[182] A lei enumera, em elenco não taxativo, atividades económicas que se destinam à satisfação de necessidades sociais impreteríveis: correios e telecomunicações; serviços médicos, hospitalares e medicamentosos; salubridade pública, incluindo a realização de funerais; serviços de energia e minas, incluindo o abastecimento de combustíveis; abastecimento de águas; bombeiros; serviços de atendimento ao público que assegurem a satisfação de necessidades essenciais cuja prestação incumba ao Estado; transportes, incluindo portos, aeroportos, estações de caminho-de-ferro e de camionagem, relativos a passageiros, animais e géneros alimentares deterioráveis e a bens essenciais à economia nacional, abrangendo as respetivas cargas e descargas; transporte e segurança de valores monetários (art. 537.º, n.º 2, do CT).

[183] Monteiro Fernandes defende que o aviso deve ainda conter o caderno de reivindicações ou a indicação da pretensão prosseguida com a greve [Fernandes (2014, p. 834)]. No mesmo sentido Bernardo da Gama Lobo Xavier argumentando que a greve "não constitui um fim em si próprio, mas um meio de pressão, destinado a conseguir certo resultado útil" [Xavier (2018, pp. 162 e 163)]. Contra, Ramalho (2012, p. 453).

Execução da greve

Na execução da greve, os trabalhadores são representados pela associação sindical ou, caso o recurso à greve tenha sido deliberado em assembleia de trabalhadores, por uma comissão especialmente eleita para o efeito (art. 532.º, n.º 1, do CT). A representação abrange todos os trabalhadores que aderem à greve, incluindo os filiados em sindicato que não convoca a greve e os não sindicalizados, estando em causa um nexo de representação legal (por oposição ao nexo de representação voluntária dos filiados no sindicato que convoca a greve).[184]

Na pendência dos conflitos coletivos (designadamente no período de greve e no que a antecede), as partes devem agir de boa-fé (art. 522.º do CT).

Os representantes dos trabalhadores grevistas podem organizar piquetes para persuadir os trabalhadores a aderir a greve desde que recorram a meios pacíficos e respeitem sempre a liberdade de trabalho dos que não pretendam aderir (por exemplo, os piquetes não podem encerrar instalações, sequestrar pessoas, proferir insultos ou controlar acessos às instalações da empresa). Os piquetes de greve traduzem-se normalmente na presença de conjuntos organizados de trabalhadores nos locais de acesso às instalações da empresa ou estabelecimento, difundindo mensagens de incentivo à participação dos trabalhadores na greve ou de difusão das reivindicações que estiveram na origem do recurso à greve (art. 533.º do CT).

Ainda durante a greve, os trabalhadores estão obrigados a cumprir a obrigação de serviços mínimos relativamente a empresas ou estabelecimentos destinados à satisfação de necessidade sociais impreteríveis ou a prestar os serviços necessários à segurança e manutenção de equipamentos e instalações (art. 537.º, n.os 1 a 3, do CT).

Efeitos da greve declarada e executada de forma contrária à lei

O trabalhador aderente no contexto de uma greve declarada ou executada de forma ilegal incorre em faltas injustificadas pelo tempo correspondente à sua ausência. Ou seja, a circunstância de a greve ser declarada e executada sem cumprimento das normais legais bloqueia o efeito

[184] Martinez (2017, p. 1227).

de suspensão do contrato e faz com que os trabalhadores incorram na eventual prática de uma infração disciplinar e possam responder pelos prejuízos causados por aplicação dos princípios gerais em matéria de responsabilidade civil (art. 541.º, n.os 1 e 2, do CT).[185]

A greve será ilícita, designadamente, se convocada por entidade sem competência / legitimidade para o efeito, se não forem respeitadas as formalidades (de prazo, divulgação e conteúdo) do aviso prévio, se implicar uma atuação dos trabalhadores incompatível com o conceito de greve, se for subordinada a objetivos extravagantes ou abusivos e se integrar atuação ilícitas por parte dos piquetes.[186]

Cláusula de paz social

A convenção coletiva constitui um instrumento de regulamentação coletiva negocial que pode assumir a configuração de contrato coletivo (se celebrado entre associação sindical e associação de empregadores), acordo coletivo (se celebrado entre associação sindical e uma pluralidade empregadores para várias empresas) ou acordo de empresa (se celebrado entre associação sindical e um empregador para um empresa ou estabelecimento) (art. 2.º, n.os 2 e 3, als. *a)* a *c)*, do CT).

A convenção coletiva de trabalho constitui fonte específica de Direito do Trabalho (art. 1.º do CT) e pode afastar a solução resultante da lei (salvo se da própria lei resultar o contrário), em sentido mais favorável ou menos favorável para os trabalhadores (salvo no que se refere às matérias

[185] Maria do Rosário Palma Ramalho manifesta o entendimento de que são consequências demasiado gravosas (p. 501) sobretudo porque o trabalhador não controla os vícios da convocação ou da atuação ao longo da greve de todos os seus intervenientes [Ramalho (2012, p. 501)]. No mesmo sentido, Romano Martinez que distingue entre greve ilícita e adesão à greve ilícita para restringir a responsabilização (disciplinar e civil) dos trabalhadores aos casos de adesão ilícita [Martinez (2017, p. 1279)] e Menezes Cordeiro que destaca a posição do "grevista de boa-fé" [Cordeiro (2019, p. 835)]. O STJ já condicionou o registo de faltas injustificadas ao conhecimento pelo trabalhador de que a greve era ilícita (Acórdão do STJ, de 13 de fevereiro de 2008, processo n.º 07S4006, disponível em www.dgsi.pt).

[186] Sobre a responsabilidade disciplinar dos trabalhadores por greve convocada sem observância de requisitos formais (considerando que existem 5 faltas injustificadas mas tal circunstância não é suficiente para justificar o despedimento), Acórdão do STJ, de 28 de janeiro de 1983, Processo n.º 000371, disponível em www.dgsi.pt.

compreendidas no art. 3.º, n.º 3, do CT[187] em que a solução resultante de instrumento de regulamentação coletiva tem necessariamente de ser em sentido mais favorável para o trabalhador). Por outro lado, a solução decorrente da convenção coletiva só pode ser afastada por contrato de trabalho quando deste resulte uma solução mais favorável do ponto de vista do trabalhador (art. 476.º do CT).

As convenções coletivas têm cláusulas de conteúdo normativo (destinadas a estabelecer o estatuto dos trabalhadores e dos empregadores nas relações que emergem do contrato de trabalho) e um conteúdo obrigacional (dirigidas ao estabelecimento de direitos e obrigações das próprias partes outorgantes)[188].

De entre as cláusulas que integram o conteúdo obrigacional, a convenção coletiva pode estabelecer limitações ao recurso à greve por parte de associação sindical outorgante, enquanto a convenção vigorar, quando o recurso à greve tenha subjacente um caderno de reivindicações que colide com o que foi convencionalmente estabelecido (art. 542.º, n.º 1, do CT). É o que se designa por cláusula de paz social e traduz-se numa concretização do princípio do abuso de direito (art. 334.º do CC) na modalidade de *venire contra factum proprium*. Ou seja, se a associação sindical estabeleceu um conjunto de condições por acordo, não é aceitável que, enquanto o acordo vigora, pretenda dar corpo a um conflito coletivo para alterar o que ela própria aceitou estabelecer. Trata-se de um comportamento contraditório que lesa a posição do confiante (associação de empregadores ou empregadores) que, de boa-fé, investiu com base na confiança criada[189].

[187] As matérias em causa são as seguintes: direitos de personalidade, igualdade e não discriminação; proteção na parentalidade; trabalho de menores; trabalhador com capacidade de trabalho reduzida, com deficiência ou doença crónica; trabalhador-estudante; dever de informação do empregador; limites à duração dos períodos normais de trabalho diário e semanal; duração mínima dos períodos de repouso, incluindo a duração mínima do período anual de férias; duração máxima do trabalho dos trabalhadores noturnos; forma de cumprimento e garantias da retribuição; capítulo sobre prevenção e reparação de acidentes de trabalho e doenças profissionais e legislação que o regulamenta; transmissão de empresa ou estabelecimento; direitos dos representantes eleitos dos trabalhadores.

[188] Quanto à distinção entre conteúdo normativo e obrigacional, Ramalho (2012, p. 254).

[189] Acórdão do STJ, de 12 de novembro de 2013, Processo n.º 1464/11.2TBGRD-A.C1.S1, disponível em www.dgsi.pt.

A cláusula de paz social fica sem efeito quando a declaração de greve tenha por fundamento a alteração anormal de circunstâncias em que as partes fundamentaram a decisão de contratar ou o incumprimento da convenção coletiva (art. 542.º, n.º 2, do CT).

Não obstante a greve constituir um direito irrenunciável (art. 530.º, n.º 3, do CT), a cláusula de paz social constitui uma limitação admissível porque de caracter relativo e decorrente de um exercício de autovinculação.[190]

A violação da cláusula de paz social configura um caso de greve ilegal, porque convocada em violação do disposto na convenção coletiva, o que poderia dar origem à responsabilidade disciplinar e civil dos trabalhadores aderentes, de acordo com a regra geral do art. 541.º, n.os 1 e 2, do CT. Contudo, ao contrário da solução preconizada para a greve ilegal, o legislador afastou, neste caso, a possibilidade de responsabilizar o trabalhador em greve (art. 542.º, n.º 3, do CT).

C) APLICAÇÃO DO DIREITO AO CASO PRÁTICO

Em suma, não assiste razão a António quando pretende que lhe seja paga a remuneração correspondente ao dia de greve. Com efeito, a greve provoca uma suspensão do contrato que abrange a obrigação de pagamento da remuneração, o que significa que, independentemente das circunstâncias em que a greve foi declarada ou executada, nunca António teria o direito a auferir a remuneração (art. 536.º, n.º 1, do CT).

Mas também não assiste razão à Supermercados Unidos, SA quando pretende assinalar a ausência do trabalhador António como falta injustificada. Mesmo sendo válida a cláusula da convenção coletiva que limita o recurso à greve (note-se que o STCS é parte outorgante do acordo de empresa, o acordo de empresa regula matéria salarial e a greve foi convocada com o objetivo de reivindicar aumentos salariais; note-se, por outro lado, que o enunciado do caso prático nada refere a propósito de eventuais alterações de circunstâncias ou situações de incumprimento do acordo de empresa), a lei impede a responsa-

[190] Gomes Canotilho e Vital Moreira referem-se à admissibilidade da cláusula de paz social como sendo uma "autovinculação necessária, adequada e proporcional" [Canotilho e Moreira (2007, p. 755)].

bilização do trabalhador pela adesão a uma greve convocada em violação do disposto no art. 542.º, n.º 1, do CT (art. 542.º, n.º 3, do CT).

NUNO ABRANCHES PINTO
Prof. Adjunto da ESTG – Instituto Politécnico de Leiria

BIBLIOGRAFIA

CANOTILHO, J.J. Gomes Canotilho e MOREIRA, Vital (2007). *Constituição da República Portuguesa Anotada, Volume I.* 4.ª Edição. Coimbra: Coimbra Editora.

CORDEIRO, António Menezes (2019). *Direito do Trabalho I.* Coimbra: Almedina.

FERNANDES, António Monteiro (2014). *Direito do Trabalho.* 17.ª Edição. Coimbra: Almedina.

LEITÃO, Luís Manuel Teles de Menezes Leitão (2016). *Direito do Trabalho.* 5.ª Edição. Coimbra: Almedina.

MARTINEZ, Pedro Romano (2017). *Direito do Trabalho*, 8.ª Edição. Coimbra: Almedina.

RAMALHO, Maria do Rosário Palma (2012). *Tratado de Direito do Trabalho, Parte III – Situações Laborais Colectivas*, Coimbra: Almedina.

XAVIER, Bernando da Gama Lobo Xavier (2018). *Manual de Direito do Trabalho*, 3.ª Edição. Lisboa: Rei dos Livros

Ação Especial de Reconhecimento da Existência de Contrato de Trabalho | Presunção de Laboralidade

A ACT efetuou uma ação inspetiva na sequência da denúncia de Alberto, trabalhador, que desempenhava a sua atividade ao serviço de Manuel, proprietário de uma quinta agrícola, na zona do Alentejo.

À data e hora da visita inspetiva, Alberto encontrava-se na referida propriedade agrícola, a desenvolver algumas tarefas de jardinagem, roçando ervas daninhas.

Além destas tarefas apurou o Inspetor encarregue deste processo inspetivo, que Alberto cuidava de todos os animais da quinta, arrumava e limpava a casa de Manuel, abria o portão da quinta e conduzia os visitantes à loja de vinhos que ali funcionava, utilizava os equipamentos e instrumentos de trabalho designadamente: corta relvas automotor, roçadora mecânica, conduzia a moto-quatro, propriedade de Manuel, pela propriedade sempre que necessitava para desempenhar a sua atividade e deslocar-se no interior da quinta.

Alberto desempenhava estas funções, e tarefas inerentes, de acordo com as ordens e instruções recebidas de Manuel, que fiscalizava o seu trabalho.

Alberto cumpria um horário de trabalho semanal previamente acordado com Manuel, normalmente entre as 08h e as 18h, de 2.ª a 6.ª feira, folgando ao fim de semana.

Não existia qualquer contrato escrito entre as partes, Alberto não estava inscrito na Segurança Social sob qualquer enquadramento, nem deu início de atividade como trabalhador independente na Repartição da Autoridade Tributária a que pertence.

Alberto recebia mensalmente 600€ e habitava na quinta em casa cedida gratuitamente por Manuel.

Manuel argumentou ao Inspetor do Trabalho que Alberto era um mero prestador de serviços, que por habitar na quinta tinha inteira liberdade para gerir o seu tempo de trabalho como bem lhe aprouvesse, que só esporadicamente fiscalizava o trabalho de Alberto no intuito apenas de perceber se este fazia tudo o que era necessário diariamente fazer, que o próprio preferia ser enquadrado como trabalhador independente, que Alberto teria adiado a entrega dos recibos pelos serviços prestados e que desconhecia que o mesmo não estava legalmente inscrito na Autoridade Tributária.

Argumentou ainda que todos os instrumentos de trabalho, nomeadamente corta relvas automotor e roçadora mecânica eram propriedade da empresa agrícola que explorava aquela propriedade e não sua propriedade.

a) O Inspetor do Trabalho ouviu em Auto de Declarações Alberto e Manuel e face aos indícios que apurou e ora relatados levantou auto por utilização indevida, por parte de Manuel, de pretenso trabalho autónomo relativo a Alberto, auto este que foi enviado ao MP junto do Tribunal do Trabalho territorialmente competente. Coloque-se no papel do juiz. Face aos indícios apurados entende que a ação de reconhecimento da existência de contrato de trabalho poderá ser procedente?

b) Imagine que em plena audiência de julgamento Alberto quer conciliar-se com Manuel e optar por permanecer ao seu serviço a "recibos verdes". Será que pode tomar esta atitude face ao enquadramento legal vigente hoje em dia?

ENQUADRAMENTO DA FACTUALIDADE

- **Identificação das figuras jurídicas em causa**

Contrato de trabalho
Contrato de prestação de serviços

Resulta da factualidade aqui descrita que a ACT entendeu, face aos indícios que apurou, estarmos perante uma relação de trabalho subordinado entre Manuel e Alberto, afastando a tese preconizada por Manuel, nos termos da qual Alberto seria seu prestador de serviços.

Como nos ensina Maria do Rosário Palma Ramalho[191], "[o] *tema da delimitação do contrato de trabalho é um tema clássico do Direito do Trabalho, que apresenta reconhecidas dificuldades* (...)". E sem dúvida uma das maiores dificuldades será, quanto a nós, a destrinça entre contrato de trabalho e contrato de prestação de serviços, pois não raro a mesma atividade profissional e as mesmas tarefas poderão ser objeto quer de um contrato de trabalho, quer de um contrato de prestação de serviços. Esta situação é espelhada na própria jurisprudência que, "(...) *em flagrante oposição por parte das instâncias,* [vai] *decidindo, in concreto, em face do mesmo circunstancialismo fáctico, como se tratando ora de um contrato de trabalho ora de um contrato de prestação de serviço* (...)"[192].

Abre-se assim um caminho à jurisprudência e à doutrina de delimitação destes dois conceitos, dos quais vamos traçar um esboço.

À luz do art.º 11.º do CT (e do art.º 1152.º do CC), o contrato de trabalho é aquele mediante o qual uma pessoa singular se obriga mediante retribuição a prestar a sua atividade a outra ou outras pessoas, no âmbito de organização e sob autoridade destas.

Por seu turno, o contrato de prestação de serviços, cuja noção está plasmada no art.º 1154.º do CC, apresenta-se como aquele em que uma das partes se obriga a proporcionar à outra certo resultado do seu trabalho intelectual ou manual, com ou sem retribuição.

Como já se referiu, ambos os contratos titulam uma prestação *de facere*, o que desde logo significa que pelo teor do objeto material do contrato, só por si, não lograremos qualificar o mesmo.

[191] Ramalho (2013, p. 32).
[192] Acórdão do STJ, de 8 de outubro de 2015, Processo n.º 292/13.5, disponível in www.dgsi.pt.

Porém, classicamente, o contrato de trabalho define-se como um contrato cujo objeto é a prestação de atividade do trabalhador, enquanto que no contrato de prestação de serviços o que lhe subjaz é o resultado da atividade e não a atividade em si mesma.

Por outro lado, no que concerne à retribuição, no contrato de trabalho a mesma é um elemento indelével[193], ao passo que o contrato de presta-

[193] Sendo a retribuição no contrato de trabalho um elemento imprescindível, desde logo se demarcam desta figura jurídica as situações vulgarmente conhecidas como de "trabalho voluntário", que têm enquadramento legal próprio: a Lei n.º 71/98, de 3 de novembro. Este diploma legal define voluntariado como o conjunto de ações de interesse social e comunitário, realizadas de forma desinteressada por pessoas, no âmbito de projetos, programas e outras formas de intervenção ao serviço dos indivíduos, famílias e comunidade, desenvolvidos sem fins lucrativos por entidades públicas ou privadas. À face desta lei o "voluntário" é um indivíduo que, de forma livre, desinteressada e responsável, se compromete, de acordo com as suas aptidões e tempo livre, a realizar ações de voluntariado no âmbito de uma organização promotora (art. 3.º da Lei n.º 71/98, 3 de novembro). A atitude de prestar voluntariado assenta numa relação de solidariedade, altruísmo, por vezes associada a convicções religiosas ou outras, desempenhando o voluntário a sua atividade de forma altruísta, sem auferir retribuição financeira ou outra. A este propósito veja-se a tutela conferida pelo art. 3.º, n.º 2, do diploma legal em apreço, que inclusivamente delimita o trabalho voluntário não só da relação de trabalho subordinada mas também do trabalho autónomo: "(...) 2 – *A qualidade de voluntário não pode, de qualquer forma,* ***decorrer de relação de trabalho subordinado ou autónomo*** *ou de qualquer relação de conteúdo patrimonial com a organização promotora, sem prejuízo de regimes especiais constantes da lei.* (...)". Além do trabalho voluntário, as situações de estágios profissionais, estágios curriculares, ou de outra índole confundem-se com situações de verdadeiros contratos de trabalho quando a sua utilização dissimula uma relação de trabalho. A utilização abusiva destas figuras traduz-se em situações onde a retribuição é apelidada de "bolsa" e o estagiário encaixa perfeitamente no figurino de um verdadeiro trabalhador dependente. O Decreto-Lei n.º 66/2011, de 1/6/2011, estabelece as regras a que deve obedecer a realização de estágios profissionais extracurriculares não financiados. A Portaria n.º 131/2017, de 7 de abril, regula os comummente conhecidos "estágios profissionais", prevendo no art. 1.º (Objeto e âmbito), com sublinhados nossos: "*1 – A presente Portaria regula a criação da medida de Estágios Profissionais, de ora em diante designada medida, que consiste no apoio à inserção de jovens no mercado de trabalho ou à reconversão profissional de desempregados. 2 – Para efeitos da presente portaria, entende-se por estágio o desenvolvimento de uma experiência prática* ***em contexto de trabalho, não podendo consistir na ocupação de postos de trabalho.*** (...)". Posteriormente preconiza o mesmo diploma no art. 11.º (Direitos do estagiário): "*1 – O estagiário tem direito a: a)* ***Bolsa mensal de estágio;*** *b)* ***Refeição ou subsídio de refeição;*** *c) Transporte ou subsídio de transporte no caso de destinatários com deficiência e incapacidade; d)* ***Seguro de acidentes de trabalho.*** (...)". Como dissemos, este é também um instituto jurídico que se presta à dissimulação de contratos de trabalho; aliás, se por um lado não existe retribuição, remuneração ou salário mensal, por outro lado, e deixando de lado o *nomen juris*, existe bolsa mensal. Ao mesmo tempo, o esta-

ção de serviços pode ter carácter oneroso ou gratuito, sendo certo que, nos casos em que existam dúvidas quanto à qualificação como contrato de trabalho ou de prestação de serviços, a retribuição é um elemento obviamente presente em ambas as figuras.

A pedra de toque nesta árdua tarefa é-nos dada pelo elemento **subordinação jurídica,** que só se verifica no contrato de trabalho e que se traduz na conformação a ordens, instruções ou diretrizes oriundas do empregador, à qual corresponde no contrato de prestação de serviços a autonomia do prestador, a liberdade na autodeterminação da forma como presta a sua atividade, cujo foco é apenas o resultado da mesma, sem interferências na forma como a atividade é prestada da parte do beneficiário.

O STJ, no aresto já citado, não nos deixa olvidar que a jurisprudência já estabilizou que, a par da subordinação jurídica, figura a subordinação económica, enquanto prestação de atividade remunerada, como elementos diferenciadores paradigmáticos do contrato de trabalho.

No contrato de trabalho o empregador, exercendo o seu poder de autoridade e direção, pode determinar e conformar a prestação do credor/trabalhador, emanando ordens, instruções e diretrizes quanto à forma como quer ver prestada a atividade pelo trabalhador, o que não é viável no contrato de prestação de serviços, em que o trabalhador é autónomo na forma como executa a sua atividade, sendo a sua obrigação a prestação do resultado de uma atividade.

A subordinação jurídica típica do contrato de trabalho traduz-se, numa linguagem mais simplista, numa "formatação" da atividade do trabalhador pelo empregador, enquanto alguém inserido na sua orgânica, na sua estrutura de meios[194].

giário tem direito a um subsidio de refeição(!) que é algo que só é obrigatório caso esteja previsto em contratação coletiva aplicável á relação de trabalho ou caso o próprio contrato de trabalho individual o preveja...*Mutatis mutandis* para o subsidio de transporte... E o seguro de acidentes de trabalho? Bem... esse seguro também é obrigatório quer para o trabalho dependente (Lei n.º 98/2009, de 4 de setembro), quer para o trabalho independente (Decreto-Lei n.º 159/99, de 11 de maio)...mas não estávamos a analisar o enquadramento de um estágio profissional?...

[194] E tudo seria perfeito se este molde fosse aplicável desta forma linear à realidade... Porém as relações de trabalho evoluíram e continuam em constante devir, numa plasticidade que se molda às necessidades do empregador ou do beneficiário da atividade, existindo nos dias de

A este propósito, e pese embora já date de 2010, porque mantém a sua atualidade, não podemos deixar de replicar o que reza o Acórdão do STJ de 19 de maio de 2010, processo n.º 295/07, disponível em www.dgsi.pt: "*a subordinação jurídica traduz-se na possibilidade de a entidade patronal orientar e dirigir a atividade laboral em si mesma e ou dar instruções ao próprio trabalhador com vista á prossecução dos fins a atingir com a atividade deste e deduz-se de factos indiciários, todos a apreciar em concreto e na sua interdependência, sendo os mais significativos: a sujeição do trabalhador a um horário de trabalho; o local de trabalho situar-se nas instalações do empregador ou onde ele determinar; existência de controlo do modo da prestação de trabalho; obediência a ordens e sujeição à disciplina imposta pelo empregador; propriedade dos instrumentos de trabalho por parte do empregador; retribuição certa, à hora, ao dia; à semana ou ao mês; exclusividade de prestação do trabalho a uma única entidade.*".

Porém, a verificação da subordinação jurídica não é hoje em dia líquida face às diferentes formas de contratação e novos modelos de organização do trabalho que existem.

Estas formas de contratação mesclam características de trabalho subordinado e de trabalho autónomo[195] ou de formas particulares, designadas por Palma Ramalho de "*desdobramento dos poderes laborais*"[196], em que o poder diretivo é exercido por outra entidade, como ocorre por exemplo na relação triangular que se entabula entre trabalhador-Empresa de Trabalho Temporário-Utilizador do trabalhador.

Por outro lado, acresce ainda o facto de, por força da evolução tecnológica, ser possível ao empregador exercer poderes de controlo do trabalho desenvolvido pelo trabalhador à distância, tornando a subordinação mais ténue.

hoje relações de trabalho com elementos de ambos os institutos jurídicos, ficando nas mãos do julgador a decisão da qualificação jurídica dos factos.

[195] A este propósito vide Acórdão do STJ, de 8 de outubro de 2015, Processo n.º 292/13, já aqui citado, onde se extrai: "(...) *a inexistência dessa subordinação jurídica não exclui a possibilidade de o prestador de serviço, no âmbito de um contrato desta natureza, poder receber instruções e diretivas por parte daquele que contratou o serviço, diretivas e instruções dirigidas á obtenção do resultado do serviço a prestar e cujas qualidades pretende assegurar. É o que acontece, por exemplo, com as situações em que estão em causa profissões liberais ou realidades de organização do trabalho que propiciam* ***formas de subordinação atenuada****, sendo esta a razão principal pela qual nem sempre é fácil estabelecer essa distinção, dada a* ***autonomia*** *que caracteriza o exercício dessas profissões ou o modo como tendem a desenvolver-se nos dias de hoje (...)*"

[196] Ramalho (2013, p. 38).

Contrato trabalho:

- Retribuição
- Prestação de atividade (independente dos resultados)
- Inserção na organização de meios do empregador
- Obediência a ordens, autoridade e direção
- Prestação subordinada

Contrato prestação serviços:

- Gratuito ou oneroso
- Obrigação de proporcionar resultado
- Meios e instrumentos são do prestador
- Não há controlo da prestação da atividade, só do resultado
- Prestação autónoma

Esquemática e sinteticamente podemos caracterizar cada figura nos moldes seguintes:

A PROBLEMÁTICA DA PRESUNÇÃO DE LABORALIDADE[197]

A jurisprudência adotou inicialmente o **método indiciário** para estabelecimento da presunção de laboralidade (***indícios de subordinação jurídica***) no intuito de qualificar uma relação de trabalho como trabalho subordinado, método este que foi apurando e afinando ao longo dos tempos.

No Código de 2003 os indícios constantes do originário art.º 12.º eram cumulativos, o que tornava a prova dos mesmos especialmente penosa e difícil de alcançar.

Este artigo foi posteriormente alterado pela Lei n.º 9/2006, de 20 de março, tendo a sua redação sido simplificada e desaparecido alguns indícios que levantavam muita celeuma, como foi o caso de a duração do contrato ter mais de 90 dias. No entanto, para que a presunção de laboralidade funcionasse os indícios continuavam a ser de verificação cumulativa.

Com a entrada em vigor do CT de 2009, a presunção foi reformulada através de nova redação do art. 12.º, nos termos da qual se presume a exis-

[197] A **Recomendação n.º 198 da OIT, de 2006,** preconiza que a consagração legal de uma presunção é um meio para facilitar a delimitação e qualificação de uma relação de trabalho como trabalho dependente. Na verdade, a presunção pode ajudar a identificar relações de trabalho subordinado dissimuladas, como o flagelo comummente conhecido por "falsos recibos verdes", e facilitar a qualificação de relações de trabalho que se situam nas chamadas "zonas cinzentas". Vicente (2013, p. 58).

tência de contrato de trabalho quando se verifiquem (e bastam duas) das seguintes circunstâncias:

a) A atividade seja realizada em local pertencente ao seu beneficiário ou por ele determinado;
b) Os equipamentos e instrumentos de trabalho utilizados pertençam ao beneficiário da atividade;
c) O prestador de atividade observe horas de início e de termo da prestação, determinadas pelo beneficiário da mesma;
d) Seja paga, com determinada periodicidade, uma quantia certa ao prestador de atividade, como contrapartida da mesma;
e) O prestador de atividade desempenhe funções de direção ou chefia na estrutura orgânica da empresa.

Esta presunção legal funciona em benefício do trabalhador, que fica dispensado de provar o facto a que ela conduz, nos termos do art. 350.º, n.º 1, do CC. Estamos perante uma presunção *iuris tantum*, que, por conseguinte, admite prova em contrário, *ex vi* o art. 350.º, n.º 2, do CC, podendo o empregador ilidir a presunção, fazendo prova de factos que excluam a subordinação jurídica do trabalhador *in casu* e provando a prestação autónoma de atividade.

Seguindo de perto o aresto do STJ que vimos a citar, de 8 de outubro de 2015, ao trabalhador caberá provar o facto base da presunção a partir do qual infere a existência do facto(s) presumido(s): **os elementos constitutivos da noção de contrato de trabalho, a saber, a atividade, a retribuição e a subordinação jurídica**[198]**.**

No nosso caso prático, os factos relatados permitem concluir que a relação de trabalho entre Alberto e Manuel foi uma relação de trabalho subordinado, estando Alberto sujeito à direção e autoridade de Manuel, o qual determinava o desempenho da sua atividade laboral, através de ordens e instruções que lhe dava.

Pese embora o horário de trabalho fosse, como o Tribunal de 1.ª instância[199] o apelidou, e bem quanto a nós, de "tendencial" (apesar de ter sido previamente acordado entre as partes, como se diz no caso prático),

[198] No mesmo sentido *vide* Vicente (2013, p. 54).

[199] Este caso prático resultou da adaptação efetuada pela autora, para efeitos meramente académicos, de caso transitado em julgado objeto de Sentença em 1.ª instância do Tribunal do Trabalho de Santarém, J2, de 3 de outubro de 2016, Processo n.º 1708/16.4 T8 STR, e pos-

porque o trabalhador residia no local de trabalho, o que lhe permitiria organizar e dispor do seu tempo de forma mais flexível e de acordo com os seus próprios interesses, ainda assim essa característica do horário de trabalho não afasta, segundo o mesmo Tribunal, a subordinação jurídica de Alberto a Manuel, o que não deixa de ser contrastante com outras posições jurisprudenciais que descaracterizam este indício quando se apura esta autodeterminação e gestão do tempo de trabalho da parte do trabalhador.

Dito de outra forma, a organização do horário de trabalho pelo empregador ou pelo alegado beneficiário da prestação da atividade é um "forte" indício de estarmos perante uma relação de trabalho subordinado[200].

O **local de trabalho** é determinado por Manuel e os **instrumentos de trabalho** são do mesmo réu Manuel.

Em relação ao primeiro destes indícios, dúvidas não subsistem. No entanto, relativamente à propriedade dos instrumentos de trabalho, Manuel argumentou que o corta relvas automotor e roçadora mecânica eram propriedade da empresa agrícola que explorava aquela propriedade e não sua propriedade, subsistindo apenas a moto-quatro como efetiva propriedade de Manuel.

A este propósito reza o Acórdão do STJ, de 7 de setembro de 2017, já aqui referido, o seguinte: "(...) *Não é excludente do preenchimento desta alínea* a alínea *b)* do art.º 12.º do Código do Trabalho] *a circunstancia de o destinatário da atividade não ser proprietário em sentido técnico-jurídico dos bens em causa, contentando-se a lei com o facto de o mesmo, por um título legítimo, ter a disponibilidade desses bens e de os facultar ao prestador da atividade de que é destinatário.*(...)". Pelo que não nos parece que pudesse vingar a tese defendida por Manuel, quanto à propriedade dos instrumentos e/ou equipamentos de trabalho.

Quanto à **remuneração** auferida por Alberto, a mesma era **mensal**, ou seja, estabelecida em função do tempo, acrescida de uma **componente em espécie** (nos termos do art. 258.º, n.º 2, do CT): a cedência de casa na quinta para habitação a título gratuito por Manuel.

teriormente objeto de Acórdão do Tribunal da Relação de Évora, de 30 de março de 2017, Processo n.º 1708/16.4T8 STR.E1, o qual transitou em julgado em 24 de abril de 2017.

[200] *Vide*, por exemplo, o Acórdão do STJ, de 7 de Setembro de 2017, Processo n.º 2242/14.2, disponível em www.dgsi.pt.

O facto de, alegadamente, **só esporadicamente Manuel fiscalizar o trabalho de Alberto**, a fim de perceber se o mesmo cumpria as tarefas diárias, e de ser o próprio Alberto a preferir ser trabalhador independente, são argumentos que também não podem proceder.

Na verdade, o poder de controlo ou fiscalização do trabalho não tem propriamente uma medida para aferir o seu exercício, ou seja, nada nos aponta para que o mesmo tenha de ser exercido diariamente, semanalmente, ou sequer com qualquer periodicidade, porém... tem de existir[201].

Por fim, e apesar das partes escolherem o *nomen juris* de contrato de prestação de serviços e, por conseguinte, "optarem" pelo regime da relação de trabalho independente, nada impede que, face aos indícios apurados, se descaracterize a relação como prestação de serviços e se converta a mesma numa relação de trabalho subordinado.

Aliás, o ***nomen juris*** escolhido para "batizar" uma relação de trabalho (subordinada ou autónoma) **em nada vincula** obviamente o Inspetor do trabalho na análise factual que faz, nem evidentemente o Tribunal que decida da ação de reconhecimento de relação de trabalho.

Aqui chegados, concluímos que a relação contratual entre Alberto e Manuel configura uma relação de trabalho subordinado.

A AÇÃO ESPECIAL DE RECONHECIMENTO DA EXISTÊNCIA DE CONTRATO DE TRABALHO

• Evolução do regime jurídico

A **Lei n.º 63/2013,** de 27 de agosto[202], instituiu mecanismos de combate à utilização indevida do contrato de prestação de serviços em rela-

[201] *"Resultando provado que o autor, na execução da atividade a que se obrigou por força do vínculo contratual celebrado com a ré, foi sempre livre de visitar os clientes que quisesse, quando e no momento em que entendesse, não controlando a ré o tempo por si dispendido no seu desempenho, nem os dias de trabalho, nem as horas de entrada e de saída ou os intervalos (...) não pode tal vínculo ser caracterizado como laboral.* (...)" – como se lê no Acórdão do STJ, de 31 de janeiro de 2012, Processo n.º 121/04, disponível em www.dgsi.pt.

[202] Procedendo à primeira alteração à Lei n.º 107/2009, de 14 de setembro, e à quarta alteração ao Código de Processo do Trabalho, aprovado pelo Decreto-lei n.º 480/99, de 9 de novembro.

ções de trabalho subordinado[203]. Seguiu-se a esse diploma legal a **Lei n.º 55/2017,** de 17 de julho, que teve como objetivo aprofundar o regime jurídico da ação especial de reconhecimento da existência de contrato de trabalho, instituído pela primeira, e alargar os mecanismos processuais de combate à ocultação de relações de trabalho subordinado dos falsos "recibos verdes" a todas as formas de **trabalho não declarado**, incluindo **falsos estágios** e **falso voluntariado**.

Através desta nova amplitude legal, a ACT passa a instaurar o procedimento plasmado no art.º 15.º-A da Lei n.º 107/2009, quer na situação de **falsos "recibos verdes"**, ou seja, nos casos em que a ACT apurar que há utilização indevida de contrato de prestação de serviços, mas também em **outros casos de inadequação do vínculo** que titula a prestação de uma atividade em condições correspondentes às de um verdadeiro contrato de trabalho.

A ação continua a ser desencadeada com a participação da ACT ao Ministério Público, o qual, após a sua receção, dispõe de 20 dias para intentar a ação de reconhecimento da existência de contrato e trabalho, apresentando a petição inicial e juntando os elementos de prova recolhidos pela ACT.

O "empregador" é citado para contestar no prazo de 10 dias, porém, caso não conteste[204] nem existam exceções que obstem à decisão, e caso o pedido não seja manifestamente improcedente, o juiz profere decisão

[203] Como extraímos do Acórdão do TRG, de 22 de setembro de 2016, Processo n.º 445/16.4, disponível em www.dgsi.pt, "(...) B-*Com o mecanismo instituído o legislador não visou apenas combater a precariedade de emprego: caso a ação seja julgada procedente, o empregador não só terá de garantir aos colaboradores, com efeitos retroactivos e também para o futuro, os mesmos direitos que a lei confere aos trabalhadores vinculados por contrato de trabalho sem termo (...) como terá de se confrontar com uma contingência fiscal e contributiva prevista para o regime geral dos trabalhadores por conta de outrem. (...)*".

[204] Caso conteste, o processo segue os trâmites previstos nos arts. 186º-N e ss. do CPT. A nova redação conferida pela Lei n.º 107/2019, de 9 de Setembro, não introduz alterações de fundo ao regime da ação de reconhecimento da existência de contrato de trabalho, nomeadamente a nível da marcha processual ou prazos já estabelecidos, traduzindo-se outrossim numa supressão de menções a redações legais e num "afinamento" de alguma terminologia. Na verdade, a principal alteração, quanto a nós, introduzida por esta Lei, refere-se à supressão de um lapso do anterior legislador que faz agora constar do n.º 9 do art.º 186.º-O a necessidade de comunicação oficiosa da sentença pelo tribunal ao trabalhador e não apenas à ACT e ao Instituto de Segurança Social, I.P., como se verificava até agora.

condenatória no prazo de 10 dias, traduzindo-se esta na requalificação do contrato de prestação de serviços, contrato de estágio ou de voluntariado ou de outra índole como contrato de trabalho subordinado.

O trabalhador dispõe de 10 dias para aderir aos factos apresentados pelo Ministério Público ou, caso o entenda, apresentar o seu próprio articulado e constituir mandatário.

Da sentença é sempre admissível recurso de apelação para a Relação, com efeito meramente devolutivo.

- **Principais alterações introduzidas pela Lei n.º 55/2017**

A Lei n.º 55/2017 introduziu algumas alterações ao regime anterior, que queremos destacar, nomeadamente:

a) No tocante à **competência do Tribunal**, atendendo a que passou a ser competente o serviço do Ministério Público junto do Tribunal do Trabalho competente em razão do **lugar onde for verificada a prestação da atividade**;

b) Foi instituído, tendo o Ministério Público legitimidade ativa, o **procedimento cautelar de suspensão de despedimento** (art. 186.º-S do CPT)[205], para acautelar situações nas quais, após a notificação efetuada pela ACT do auto consignado no art.º 15.º-A da Lei n.º 107/2009, o trabalhador visado nesse procedimento era imediatamente dispensado/despedido ilicitamente e teria ele próprio de intentar ação de impugnação de despedimento ilícito (além de ter de provar previamente a existência de relação laboral), o que era muito mais penoso para si;

c) **Desapareceu desta ação especial a fase de audiência de partes** com vista à conciliação (que constava do art. 186.º-O do CPT)[206], **iniciando-se agora obrigatoriamente o julgamento com a**

[205] Se a ACT tomar conhecimento de despedimento do trabalhador após a notificação do auto do art.º 15.º-A e antes do trânsito em julgado da decisão proferida em ação especial de reconhecimento da existência de contrato de trabalho, deve comunicar de imediato ao Ministério Público (MP) do tribunal competente em razão do local de prestação da atividade, para que o MP possa interpor procedimento cautelar de suspensão de despedimento.

[206] Artigo este cuja epígrafe era precisamente: "Audiência de partes e julgamento" e hoje a epígrafe do mesmo artigo é apenas: "Julgamento". Foi revogado o n.º 2 do mesmo preceito que previa que o julgamento só se iniciava se se frustrasse a conciliação.

produção de provas, o que, quanto a nós, representou uma das alterações mais importantes, atendendo a que, aquando da existência desta fase, eram entabulados acordos entre trabalhadores e beneficiários da atividade, colocando-se na disponibilidade das partes a "opção" do regime jurídico enquadrador, como se de uma verdadeira opção se tratasse, deixando-nos sérias dúvidas quanto à sua admissibilidade face à prossecução e defesa do interesse público pela parte do MP, bem como quanto ao carácter de direitos relativamente indisponíveis em presença[207]. A este propósito citamos de novo o Acórdão do TRG, de 22 de setembro de 2016, onde se colocou em causa a posição defendida pelo MP, nos termos da qual este seria a única entidade com legitimidade para propor esta ação em representação do Estado, na prossecução de interesses e finalidades de índole coletiva, surgindo a defesa dos interesses do trabalhador pelo mesmo MP a título adjetivo, acessório e mediato, pelo que defendeu o MP que a sua posição deveria prevalecer sobre a do próprio trabalhador. Concluiu o MP que era juridicamente irrelevante a transação formulada nos autos, porque a concordância da trabalhadora não poderia obstar ao prosseguimento da ação, (...) "*subvertendo em absoluto a filosofia que presidiu à criação desse novo tipo de ação. (...)*". A este propósito lê-se também no mesmo aresto, citando um comentário da Sra. Juíza Desembargadora Albertina Pereira ao art. 186-O do CPT, que aliás atribui a este processo não só **natureza urgente** mas também **oficiosa,** "(...) *afigura-se-nos inócuo, por exemplo, que nesta sede se declare que entre as partes existe ou existiu um contrato de prestação de serviços a que se pretende pôr fim, ou já se rescindiu, pretendendo-se, com isso e sem mais, colocar um "ponto final" à ação, quando foi intenção do legislador com-*

[207] A este propósito lia-se, nas palavras de José Joaquim Fernandes Oliveira Martins (Martins, 2015, p. 208), ao tempo da vigência Lei n.º 63/2013: "(...) *as razões subjacentes à criação desta nova ação cifram-se ,(...)com a prossecução oficiosa de um interesse público, relativo ao reconhecimento judicial da laboralidade de relações contratuais dissimuladas sob outras vestes, mesmo que conexo, embora secundarizando-o, com o interesse do "trabalhador" em ver reconhecida essa qualidade (o que explica também, (...) a posição processual do "trabalhador" algo subordinada em relação ao Ministério Publico e que só é chamado à ação já depois da apresentação dos articulados das partes, podendo até, caso não haja contestação, ver definido o seu contrato como sendo de trabalho sem que tenha sequer sido citado para os termos desta ação)*".

bater através do apuramento da realidade contratual em causa, da posterior intervenção da ACT, e da regularização fiscal e contributiva por parte da entidade empregadora (...)", pese embora tenha vindo a mesma Relação, *a finale,* a admitir a transação entre as partes. Entendeu a Relação que a fase da conciliação se destinava só a dar mais uma oportunidade ao empregador e trabalhador de regularizar a situação de comum acordo, pelo que a **confissão do pedido** ou a **transação da qual resulte o reconhecimento da existência de contrato de trabalho serão admissíveis por permitirem a defesa do interesse público prosseguido na ação pelo MP**[208]. Porém, não deixa de sublinhar o mesmo aresto que a conciliação, em paralelo com o que se verifica na ação emergente de acidente de trabalho, não pode revelar a eventual manifestação de vontade das partes contrária aos indícios de subordinação jurídica e, por isso, à verificação da presunção de laboralidade que motivou a participação dos factos feita ao MP pela ACT. Ora não podíamos deixar de estar mais de acordo. Na verdade, se se admitir que na conciliação as partes possam escolher a prestação de serviços, pese embora toda a prova carreada pela ACT seja indiciadora de uma relação de trabalho subordinado, o papel do MP seria nulo, a defesa do interesse público cairia por terra e a ACT perderia toda a eficácia enquanto "impulsionadora" deste tipo de ações.

d) **A decisão** que vier a ser proferida na ação especial de reconhecimento da existência de contrato de trabalho **tem de ser comunicada oficiosamente pelo Tribunal ao trabalhador, à ACT e à Segurança Social,** para regularização das contribuições devidas a esta instituição desde a data de início da relação laboral fixada na sentença.

CONCLUSÃO

[208] Do acórdão do TRP, de 17 de dezembro de 2014, processo n.º 309/14.6, disponível em www.dgsi.pt, extrai-se que o Ministério Publico é autor e parte principal na ação, onde não representa, nem patrocina o prestador de serviços/trabalhador, pelo que a sua eventual intervenção não interfere com o interesse em agir daquele.

Respondendo agora às duas alíneas do nosso caso prático,

a) *Face aos indícios apurados – local de trabalho onde a atividade é executada, retribuição mensal certa e com componente em espécie, sujeição a ordens e instruções, controlo por Manuel, ainda que de forma esporádica, da prestação de atividade, definição de horário de trabalho "tendencial", denotando flexibilidade na sua gestão, utilização de instrumentos e equipamentos de trabalho propriedade de Manuel – julgamos ser procedente a ação de reconhecimento da existência de contrato de trabalho;*

b) *Atualmente, como se explanou supra, a ação especial in casu não admite a existência de audiência de partes para obtenção de conciliação; o julgamento tem início com a produção de prova que ao caso couber (art. 186.º-O do CPT, na redação dada pela Lei n.º 55/2017), pelo que não seria possível esta conciliação pretendida pelas partes.*

TERESA CARDOSO
Inspetora do Trabalho

BIBLIOGRAFIA

MARTINS, José Joaquim (2015). «A ação especial de reconhecimento da existência de contrato de trabalho – vinho velho em odres novos». *Julgar, n.º 25*, pp. 199-213.

RAMALHO, Maria do Rosário Palma (2013). «Delimitação do contrato de trabalho e presunção de laboralidade no novo código do trabalho – breves notas». In Viriato Reis e Diogo Ravara (Org.), *Trabalho subordinado e trabalho autónomo: presunção legal e método indiciário*. Lisboa: Centro de Estudos Judiciários, pp. 32-50.

VICENTE, Joana Nunes (2013). «Noção de contrato de trabalho e presunção de laboralidade». In Viriato Reis e Diogo Ravara (Org.), *Trabalho subordinado e trabalho autónomo: presunção legal e método indiciário*. Lisboa: Centro de Estudos Judiciários, pp. 52-63.

Acção Declarativa com Forma de Processo Comum | Procedimento Cautelar | Mobilidade Geográfica[209]

Ana foi admitida ao serviço da Corte e Costura, Lda., mediante contrato de trabalho por tempo indeterminado, celebrado no dia 9 de outubro de 2006, para exercer as funções correspondentes à categoria profissional de Desenhadora – criador de moda.

No âmbito desse mesmo contrato, estipularam as partes na cláusula terceira, n.º 1, que "O local de trabalho da Segunda Contraente será na sede da Corte e Costura, Lda., no Porto, encontrando-se ainda adstrita às deslocações inerentes às suas funções ou indispensáveis à sua formação profissional".

Já na cláusula terceira, n.º 2, do referido contrato constava que "Assiste à Primeira Contraente, quando necessidades ou conveniências de serviço o justifiquem, a faculdade de transferir, temporária ou definitivamente, a Segunda Contraente para outro local de trabalho, sem que esta possa exigir o pagamento de quaisquer despesas de deslocação, alojamento ou mudança de residência, o que a Segunda Contraente desde já aceita".

No passado dia 6 de janeiro de 2019, a Corte e Costura, Lda. comunicou por escrito a Ana que, a partir de 14 de janeiro de 2019, iria desenvolver a sua atividade nas instalações sitas em Lisboa, não havendo lugar ao pagamento de quaisquer despesas com a mudança de residência, de acordo com a cláusula terceira, n.º 2, do contrato de trabalho, celebrado no dia 9 de outubro de 2006.

[209] A autora escreve de acordo com a antiga ortografia.

Ana, residente em Vila Nova de Gaia, é divorciada, tem ao seu cuidado dois filhos gémeos com 4 anos e é única familiar disponível para prestar assistência ao pai, doente com Alzheimer.

a) Identificando o Tribunal competente e a tramitação, diga qual o meio processual adequado para Ana obter a suspensão da ordem dada pela Corte e Costura, Lda., no dia 6 de janeiro, pronunciando-se acerca da respetiva procedência e da viabilidade de ser obtida, através deste, a composição definitiva do litígio.

b) Supondo que, no processo referido na alínea anterior, o juiz não tinha todos os elementos necessários para formar uma convicção segura acerca da existência do direito acautelado, refira qual o meio processual adequado, o prazo e a respetiva tramitação, para Ana alcançar uma decisão definitiva sobre a ordem de transferência dada pela Corte e Costura, Lda.

ENQUADRAMENTO DA FACTUALIDADE

Identificação das figuras jurídicas em causa

i) Transferência de local de trabalho

ii) Procedimento cautelar comum e a inversão do contencioso

I) TRANSFERÊNCIA DE LOCAL DE TRABALHO

O local de trabalho corresponde ao lugar físico onde o trabalhador habitualmente realiza a sua atividade, abrangendo as deslocações inerentes às suas funções ou indispensáveis à sua formação profissional, de acordo com o art. 193.º do Código do Trabalho (doravante designado de CT).

A determinação do local de trabalho, dada a sua importância, surge associada a uma garantia da inamovibilidade, consagrada no art. 129.º, n.º 1, al. *f)*, do CT, que proíbe o empregador de transferir o trabalhador para outro local de trabalho[210].

[210] Sobre a relevância do local de trabalho, cfr. Martinez (2017, p. 763) e Amado (2015, p. 200).

Esta garantia, todavia, não é absoluta, admitindo o art. 129.º, n.º 1, al. *f)*, do CT as exceções prevista no CT, nomeadamente, no art. 194.º, n.º 1, em instrumento de regulamentação coletiva de trabalho ou ainda por acordo das partes[211].

No art. 194.º, n.º 1, do CT estão previstas transferências definitivas e temporárias, individuais e coletivas, sendo certo que o tratamento conjunto destas modalidades, adotado no CT de 2009, tem suscitado algumas dificuldades na determinação do regime jurídico aplicável a cada uma[212].

A doutrina tem distinguido no art. 194.º, n.º 1, do CT[213]:

A) Transferência individual definitiva do trabalhador;
B) Transferência individual temporária do trabalhador;
C) Transferência definitiva do trabalhador em resultado da transferência de estabelecimento;
D) Transferência temporária do trabalhador em resultado da transferência temporária do estabelecimento;
E) Transferência definitiva do trabalhador em resultado da "extinção" parcial ou total do estabelecimento.

A modificação do local de trabalho individual, ou seja, quando está em causa um trabalhador, pode ser temporária ou definitiva, podendo ser imposta unilateralmente pelo empregador, nos termos do art. 194.º, n.º 1, al. *b)*, do CT, resultar de acordo das partes (art. 194.º, n.º 2, do CT) ou a pedido do trabalhador, com fundamento em violência doméstica (art. 195.º do CT).

Já a mudança do estabelecimento, acarretando a modificação do local de trabalho de todos os trabalhadores que neste prestem a sua atividade, ou seja, uma mudança coletiva, pode ser temporária ou definitiva, como resulta do art. 194.º, n.º 1, al. *a)*, do CT.

Em qualquer destes casos, o prejuízo sério surge como critério para aferir a legitimidade da ordem ou para conferir ao trabalhador o direito

[211] Estão excluídas deste conceito as mudanças no seio das instalações da empresa. Nesse sentido, ainda que considerando uma *mudança interna* do local de trabalho no seio da organização decorrente do poder de direcção, cfr. Martinez (2017, p. 765), que Ramalho (2016, p. 346) rejeita que seja subsumível a uma mudança de local de trabalho ainda que interna.

[212] Nesse sentido, Ramalho (2016, p. 342).

[213] Martinez/ Monteiro/Vasconcelos/Brito/Dray/Silva (2017, p. 505).

a resolver o contrato, nos termos do art. 194.º, n.º 1, al. *b)*, e n.º 4, do CT, impondo-se, por isso, desde logo, a delimitação deste conceito indeterminado.

Tem sido sustentado pela jurisprudência e pela doutrina que o prejuízo sério a que se refere a lei deve ser apreciado segundo as circunstâncias concretas de cada caso, ponderando as circunstâncias da vida pessoal e familiar do trabalhador, devendo a transferência assumir um peso significativo na vida do trabalhador, abalando, de forma grave, a estabilidade da sua vida, violando, assim, a garantia da inamovibilidade que o legislador tutela[214].

Nesse sentido, o prejuízo sério não pode consubstanciar-se num mero transtorno ou medir-se simplesmente pelo acréscimo de tempo de deslocação, devendo consubstanciar um *"dano relevante, que não se reconduza a simples transtornos ou incómodos: torna-se mister que a alteração ordenada afecte, substancialmente e de forma gravosa, a vida pessoal e familiar do trabalhador visado"* [215].

É, igualmente, necessário ter presente que, no caso da transferência individual temporária, o prejuízo sério deve ser entendido de modo diferente em relação ao prejuízo sério na transferência definitiva, dado o carácter temporário e o menor impacto na vida do trabalho deste decorrente[216].

A lei impõe requisitos substantivos e procedimentais para a transferência de local de trabalho imposta unilateralmente pelo empregador, estando vedada a sua justificação por motivos disciplinares[217].

A transferência individual definitiva e temporária do trabalhador deve observar os seguintes requisitos substantivos:

a) Existência de um interesse legítimo do empregador.

[214] Cfr. Acórdão do STJ, de 3 de março de 2010, Processo n.º 933/07.3TTCBR.C1.S, disponível em www.dgsi.pt.

[215] Cfr. Acórdão do STJ, de 25 de novembro de 2011, Processo n.º 411/07.0TTSNT.L1.S1, disponível em www.dgsi.pt. Na doutrina, Martinez/Monteiro/Vasconcelos/Brito/Dray/Silva (2017, pp. 513-514).

[216] Cfr., nesse sentido, Martinez/Monteiro/Vasconcelos/ Brito/Dray/ Silva (2017, pp. 513-514).

[217] Tal como refere Ramalho (2016, p. 348) o princípio da inamovibilidade e a exigência de um interesse objetivo da organização para a modificação unilateral excluem a possibilidade de a transferência de local de trabalho ser prevista como sanção disciplinar, ao abrigo do art. 328.º do CT, em instrumento de regulamentação coletiva.

É pacifico na doutrina que este requisito deve ser apreciado em termos objectivos, correspondendo às exigências da organização, não contemplando os interesses do empregador enquanto indivíduo[218].

b) Não pode haver prejuízo sério para o trabalhador.

Analisado o conceito de prejuízo sério, para onde remetemos, impõe-se abordar a controvertida repartição do ónus da prova da existência de prejuízo sério, quer na transferência individual, quer do estabelecimento[219].

Em face da redacção do art. 194.º, n.º 1, al. *b)*, acompanhamos a doutrina que sustenta que a inexistência de prejuízo sério é pressuposto do exercício do poder do empregador, recaindo a prova da sua inexistência sobre este, nos termos do art. 342.º do CC[220].

Em favor desta posição, assume relevância, tal como nota a doutrina, o procedimento imposto, pelo art. 196.º do CT, para a ordem de transferência de local de trabalho, ao qual está subjacente que o empregador antes de comunicar a ordem ao trabalhador com os fundamentos da transferência encete diligências no sentido de apurar a situação pessoal deste para verificar a inexistência de prejuízo sério, requisito indispensável à licitude da ordem de transferência do trabalhador, ao abrigo do art. 194.º, n.º 1, al. *b)*, do CT[221].

Discordamos, por isso, de Rosário Palma Ramalho quando sustenta que o ónus da prova do prejuízo sério deve recair sobre o trabalhador, uma vez que se reporta a condições da sua vida pessoal, que o empregador não tem obrigação de conhecer[222].

[218] Cfr. nesse sentido, Ramalho (2016, p. 348), Martinez/Monteiro/Vasconcelos/Brito/Dray/Silva (2017, p. 338).

[219] Para uma súmula das diversas posições, cfr. Martinez/Monteiro/Vasconcelos/Brito/Dray/Silva (2017, p. 513)

[220] Nesse sentido, Martinez/Monteiro/Vasconcelos/ Brito/Dray/Silva (2017, p. 514).
Na jurisprudência, cfr. Acórdão do STJ, de 12 de fevereiro de 2009, Processo n.º 08S2573, disponível em www.dgsi.pt, que expressamente refere *"À face do n.º 1 do artigo 315.º do Código do Trabalho, a inexistência de "prejuízo sério" é pressuposto do exercício do poder do empregador de determinar a transferência de local de trabalho, pelo que sobre o empregador recai o ónus da respectiva prova, nos termos do artigo 342.º, n.º 1, do Código Civil."*

[221] Martinez/Monteiro/Vasconcelos/ Brito/Dray/Silva (2017, pp. 513-514).

[222] Ramalho (2016, p. 349). Também Martinez (2017, p. 768) sustenta que o ónus da prova recai sobre o trabalhador.

Estes requisitos, todavia, são afastados se estiver em causa a modificação do local de trabalho dos trabalhadores eleitos para as estruturas de representação coletiva.

Assim, nos termos do art. 411.º do CT, a transferência individual do local de trabalho destes trabalhadores depende do seu acordo e carece ainda de ser comunicada previamente à estrutura a que pertencem.

Para a transferência resultante de mudança total ou parcial do estabelecimento, definitiva ou temporária, ou da sua extinção, apenas é exigida a ordem do empregador após a decisão de mudança de estabelecimento, dado que o interesse da empresa funda-se na mudança do estabelecimento[223].

O art. 194.º, n.º 2, do CT permite que as partes alarguem ou restrinjam a possibilidade de transferência do trabalhador, sendo certo que são várias as dúvidas em torno destas cláusulas, porquanto as cláusulas de mobilidade se confundem muitas vezes com a definição do local de trabalho.

Com efeito, podemos estar perante cláusulas de mobilidade geográfica em sentido amplo e cláusulas de mobilidade em sentido estrito, correspondendo as primeiras a uma estipulação das partes sobre o lugar do cumprimento da prestação de trabalho, incluindo a possibilidade da sua alteração e as segundas àquelas em que o empregador e o trabalhador dispõem sobre a possibilidade futura de o empregador alterar o local de trabalho unilateralmente[224].

É, por isso, importante indagar se as partes quiseram restringir ou ampliar o poder de modificação unilateral pelo empregador do local de trabalho ou estabelecer os limites geográficos do local de trabalho do trabalhador.

É pacífico na doutrina que as cláusulas de mobilidade excessivamente vagas ou das quais resulte a indeterminação do local de trabalho são nulas, dado que implicam uma indeterminação da prestação de trabalho.

Por outro lado, estas cláusulas de mobilidade, se não forem utilizadas, caducam ao final de dois anos, nos termos da parte final do art. 194.º, n.º 2, do CT.

Para além dos requisitos substanciais, a mudança do local de trabalho está ainda sujeita aos requisitos procedimentais previstos no art. 196.º do

[223] Martinez/Monteiro/Vasconcelos/Brito/Dray/Silva (2017, pp. 507). Para maiores desenvolvimentos, cfr. Ramalho (2016, pp. 357 e ss.).

[224] Vicente (2006, p. 64).

CT, ou seja, a decisão de transferência do trabalhador deve ser comunicada por escrito ao trabalhador, com indicação do respetivo fundamento e deve ser efetuada com um aviso prévio de 8 ou 30 dias sobre a data de produção de efeitos, para a mudança transitória e para a mudança definitiva respetivamente.

Por outro lado, o art. 194.º, n.º 4, do CT impõe ao empregador o pagamento das despesas do trabalhador com a transferência definitiva, que decorram do acréscimo dos custos de deslocação ou da mudança de residência, sendo certo que, apesar da conjunção copulativa *e* em vez da disjuntiva *ou*, também consideramos que não é razoável que o empregador deva suportar estes dois tipos de despesas[225].

Ainda no âmbito da transferência definitiva, o empregador não deve suportar o pagamento das despesas de alojamento do trabalhador, limitando-se a pagar as despesas resultantes da mudança de residência.

Já quando está em causa uma transferência temporária, há lugar ao pagamento do acréscimo dos custos com a deslocação ou com o alojamento[226].

Esta obrigação do empregador custear as despesas não pode ser afastada por acordo, porquanto o n.º 4 é uma norma que apenas pode ser afastada por instrumento de regulamentação coletiva, nos termos do n.º 6, sendo certo que o art. 3.º, n.º 5, do CT estabelece que sempre que uma norma legal reguladora de contrato de trabalho determine que a mesma pode ser afastada por instrumento de regulamentação coletiva de trabalho entende-se que o não pode ser por contrato de trabalho[227].

Uma vez preenchidos os requisitos substantivos e procedimentais, o empregador pode legitimamente alterar o local de trabalho, devendo o trabalhador obediência a esta ordem, sob pena de, desobedecendo, praticar uma infração disciplinar.

No entanto, se a ordem de transferência não observar estes requisitos, o trabalhador pode legitimamente recusar a mudança de local de trabalho, ao abrigo do princípio da inamovibilidade.

[225] Tal como refere Pedro Madeira de Brito, a opção entre o pagamento da mudança de residência e o acréscimo de despesa com custos de deslocação deve ser resolvida com recurso a critérios de boa fé. Martinez/Monteiro/Vasconcelos/Brito/Dray/Silva (2017, pp. 507). Para maiores desenvolvimentos, cfr. Ramalho (2016, pp. 510-511).

[226] Ramalho (2016, p. 352).

[227] Martinez/Monteiro/Vasconcelos/Brito/Dray/Silva (2017, p. 511).

O CT, no art. 194.º, n.º 5, do CT também estabelece, expressamente, que, perante a existência de prejuízo sério emergente da ordem de transferência individual e definitiva, o trabalhador pode resolver o contrato, tendo direito à compensação de antiguidade prevista no art. 366.º do CT[228].

Esta faculdade de resolução, em face da redação do n.º 5, vale quer para a transferência do estabelecimento, quer para a transferência individual.

No entanto, é necessário levar em linha de conta que, existindo prejuízo sério para o trabalhador decorrente da ordem de transferência individual, este, para além de poder resolver o contrato por justa causa, pode, perante o incumprimento dos requisitos da ordem, desobedecer legitimamente à ordem, por esta ser ilícita, nos termos do art. 128.º, al. *e)*, com fundamento na violação da garantia da inamovibilidade prevista no art. 129.º, n.º 1, al. *f)*, do CT[229].

II) PROCEDIMENTO CAUTELAR COMUM E A INVERSÃO DO CONTENCIOSO

Nos termos do art. 32.º, n.º 1, do Código de Processo do Trabalho (doravante designado de CPT), aos procedimentos cautelares comuns laborais aplica-se o regime previsto nos arts. 362.º ss. do CPC, aliás, em consonância com a aplicação subsidiária do Processo Civil referida no art. 1.º, n.º 2, al. *a)*, do CPT, incluindo no que respeita à inversão do contencioso prevista nesse diploma, com as especialidades previstas nos números seguintes, na prossecução da justiça pacificadora e célere que norteia o CPT[230].

Assim, determina o art. 32.º, n.º 2, do CPT, a presença obrigatória das partes ou dos seus mandatários em caso de justificada impossibilidade

[228] Perante o regime unitário proposto pelo CT2009 para as transferências individuais e do estabelecimento, tem sido entendido que a transferência temporária do estabelecimento, mesmo que cause prejuízo sério ao trabalhador, não pode impedir a decisão do empregador de transferir o estabelecimento, admitindo que se aplique analogicamente o disposto no n.º 5 quando a transferência temporária do estabelecimento cause prejuízo sério ao trabalhador. Martinez/Monteiro/Vasconcelos/Brito/Dray/Silva (2016, pp. 507).

[229] Nesse sentido, cfr. Ramalho (2016, p. 353) e Martinez/Monteiro/Vasconcelos/Brito/Dray/Silva (2017, p. 512).

[230] Cfr. Vasconcelos (2017, pp. 35-36).

de comparência desde que munidos de poderes especiais para confessar, desistir e transigir e a tentativa de conciliação, impondo o n.º 1, al. *a)* do referido artigo que, logo após a recepção do requerimento, seja designado o dia para a audiência final. A al. *b)* estipula que a oposição do requerido, quando admissível, é apresentada até ao início da audiência final, a qual não é adiada por falta de comparência das partes ou dos seus mandatários, de acordo com o n.º 4, e a decisão deve ser sucintamente fundamentada regendo-se a sua gravação e transcrição para a ata pelo disposto no artigo 155.º do CPC.

Não estando prevista norma idêntica à do n.º 2 do art. 37.º do CPT, tem sido entendido que o n.º 4 do art. 32.º do CPT tem como consequência a realização da audiência final para a produção da prova indicada pela requerente, de forma que o tribunal apure, ainda que, de forma sumária, a probabilidade séria da existência do direito invocado e do fundado receio da sua lesão[231].

Resulta ainda do art. 32.º do CPT, conjugado com os arts. 362.º, 365.º e 368.º do CPC, a admissibilidade, no foro laboral, de providências cautelares não especificadas, assistindo aos sujeitos da relação laboral, sempre que aleguem e provem, ainda que de forma sumária, o direito que pretendem acautelar e mostrem um fundado receio que do retardamento da tutela judicial pode resultar uma lesão grave e dificilmente reparável do mesmo, o direito de requerer a providência conservatória ou antecipatória concretamente adequada a assegurar a efetividade do direito ameaçado, desde que não esteja já integralmente consumada e não esteja prevista providência cautelar tipificada[232].

O contraditório do requerido é admitido no procedimento cautelar comum laboral, sendo excluído se puser *"em risco sério o fim ou a eficácia da providência"*, de acordo com o art. 366.º, n.º 1, do CPC.

[231] Cfr. Vasconcelos (2017, p. 36).

[232] Neste sentido, Vasconcelos (2017, pp. 36-37) e Geraldes (2010, p. 109). Pinheiro (2014, pp. 81-82).
As providências cautelares, nos termos do art. 362.º do CPC, podem ser conservatórias e antecipatórias, consoante pretendam antecipar ou preservar o efeito útil do reconhecimento de um direito, aplicando-se no foro laboral, por via da remissão do art. 47.º, a providência cautelar de natureza antecipatória de arbitramento de reparação provisória (arts. 388.º a 390.º do CPC), ainda que suscitando dúvidas, como dá nota Vasconcelos (2017, p. 75), e as providências cautelares de natureza conservatória de arresto (arts. 391.º e ss.) e de arrolamento (arts. 403.º e ss. do CPC).
Sobre a actualidade do dano, cfr. Gonçalves (2015, pp. 206 e ss.).

Também o procedimento cautelar comum laboral surge na dependência da acção principal, nos termos do art. 364.º, n.º 1, do CPC, extinguindo-se ou verificando-se a caducidade da providência decretada, caso o requerente não interponha a acção no prazo de 30 dias e nas demais situações previstas no art. 373.º do CPC, com uma evidente natureza instrumental e provisória, dado que, salvo no caso de inversão do contencioso, não está em causa a resolução definitiva de um litígio, a qual se verificará na acção principal, a que ainda acresce a sumariedade, traduzida na cognição sumária de facto e de direito própria de um processo urgente.

São várias as situações jus–laborais que podem desencadear o recurso a providências cautelares não especificadas, entre as quais, a transferência de local de trabalho ilícita, a aplicação de sanções disciplinares contrárias à lei ou abusivas, o exercício ilícito do *ius variandi*, a mudança unilateral de horário de trabalho, a violação dos direitos da personalidade do trabalhador, entre outras[233].

O CPC de 2013, com o intuito de promover a celeridade, economia e simplificação processuais, consagrou no art. 369.º do CPC, a inversão do contencioso, através da qual, verificados certos requisitos, a decisão proferida na providência se converte na decisão definitiva do litígio, recaindo o ónus de propositura da acção principal sobre o requerido, nos termos dos arts. 369.º a 371.º do CPC[234].

Assim, mediante requerimento do requerente da providência até ao encerramento da audiência final, o juiz, na decisão que decrete a providência, pode dispensar o requerente do ónus de propositura da acção principal, desde que a matéria adquirida no procedimento lhe permita formar convicção segura acerca da existência do direito acautelado e a natureza da providência decretada for adequada a realizar a composição definitiva do litígio.[235]

[233] Vasconcelos (2017, p. 39).

[234] Vasconcelos (2017, p. 75).

[235] A inversão do contencioso, apesar de prevista para o procedimento cautelar comum, tem sido considerada aplicável aos procedimentos cautelares especificados, cuja natureza permita realizar a composição definitiva do litígio, nos termos do art. 376.º, n.º 4, do CPC, nomeadamente, à restituição provisória de posse, à suspensão das deliberações sociais, aos alimentos provisórios, ao embargo de obra nova, bem como às demais providências previstas em legislação avulsa cuja natureza permita realizar a composição definitiva do litígio. Não sendo aplicável a providências, como o arresto, que não se mostrem adequadas a compor o litígio entre as partes.

A inversão do contencioso, em face do exposto, é aplicável no âmbito dos procedimentos cautelares laborais comuns, nomeadamente, nos procedimentos cautelares comuns antecipatórios, onde esteja em causa a violação das garantias e direitos dos trabalhadores, traduzidos, designadamente, na violação do direito à ocupação efetiva, transferência ilegítima para outro local de trabalho ou diminuição da retribuição, nos termos do art. 129.º, n.º 1, als. *b)*, *e)* e *f)*, do CT, bem como no âmbito da tutela direitos de personalidade, previstos nos arts. 15.º e ss. do CT[236]. O legislador, através da Lei n.º 107/2019, de 9 de Setembro, consagra, expressamente, esta orientação, no art. 32.º, n.º 2 do CPT.

Questões jurídicas a resolver na alínea a)

No caso prático, está em causa a transferência individual do local de trabalho de Ana, ao abrigo da cláusula terceira, n.º 2, do referido contrato, da qual constava que "*Assiste à Primeira Contraente, quando necessidades ou conveniências de serviço o justifiquem, a faculdade de transferir, temporária ou definitivamente, a Segunda Contraente para outro local de trabalho, sem que esta possa exigir o pagamento de quaisquer despesas de deslocação, alojamento ou mudança de residência, o que a Segunda Contraente desde já aceita*".

Como analisámos, o art. 194.º, n.º 2, do CT permite que as partes alarguem ou restrinjam a possibilidade de transferência do trabalhador, sendo certo muitas vezes que as cláusulas de mobilidade se confundem com a definição do local de trabalho.

[236] Sobre os pressupostos da inversão do contencioso, cfr. Gonçalves (2015, pp. 156 e ss.). Sobre a aplicação da inversão do contencioso ao foro laboral, Pereira (2014, p. 48), Gonçalves (2016, pp. 69-70). Na esteira de Vasconcelos (2017, pp. 69-71), entendiamos que a inversão do contencioso não era aplicável à providência cautelar de suspensão de despedimento, desde logo, porque, para além de se mostrar inadequada a uma composição definitiva do litígio, dado que não abrange todos os efeitos decorrentes da ilicitude do despedimento previsto nos arts. 389.º a 391.º do CT, o legislador no art. 34.º, n.º 4, e art. 98.º-C, n.º 2, do CPT não prescinde da propositura da impugnação da regularidade e licitude do despedimento. O legislador, através da Lei n.º 107/2019, de 9 de Setembro, veio, expressamente, excluir, no art. 33.º do CPT, a aplicação da inversão do contencioso, quando for requerida a impugnação da regularidade e licitude do despedimento, nos termos do n.º 4 do artigo 34.º e do artigo 98.º-C. Continuamos, no entanto, a sufragar que a inversão do contencioso, pelo motivos já referidos, também não deverá ser aplicável à providência cautelar de suspensão de despedimento, nos casos em que o meio processual próprio para impugnar o despedimento é o processo comum.

A leitura e interpretação da referida cláusula parece indiciar a intenção das partes ampliarem o poder de modificação unilateral pelo empregador do local de trabalho.

Todavia, dado o caráter excessivamente vago desta cláusula, terá que ser considerada nula, uma vez que implica uma clara indeterminação da prestação de trabalho.

Convém, igualmente, salientar que a utilização desta cláusula de mobilidade, ainda que fosse válida, apesar de ter sido celebrada em momento anterior ao CT 2009, que, expressamente, estipula que as cláusulas de mobilidade caducam ao final de dois anos, nos termos da parte final do art. 194.º, n.º 2, do CT, seria abusiva, nos termos do art. 334.º do CC.

Tal como assinalado no Acórdão do STJ, de 12 de fevereiro de 2009[237], há uma justificada situação de confiança reportada à inalterabilidade do local de trabalho em função de razoáveis limites geográficos quando a trabalhadora, durante um longo período de tempo, que, no caso ora em análise, ultrapassa os 12 anos, sempre teve o local de trabalho no mesmo estabelecimento da cidade do Porto, formando-se a convicção de que o seu local de trabalho se manteria inalterável, sendo ilegítimo, nos termos do art. 334.º do CC, o exercício do direito do empregador, por força da referida cláusula, transferir a trabalhadora para um seu estabelecimento sito na cidade de Lisboa, *"após um tão longo período de tempo de "hibernação" da cláusula em questão."*

Todavia, tendo em conta os requisitos substantivos e procedimentais exigidos pelos art. 194.º, n.º 1, al. *b)*, n.º 4 e n.º 6, do CT, sempre seria ilegítima a ordem dada pela **Corte e Costura, Lda.**

Requisitos:

1. Exigências ponderosas do funcionamento da empresa – neste caso não são conhecidas – não foram invocadas quaisquer razões de gestão objetivas para a alteração do local de trabalho de Ana
2. Não pode causar prejuízo sério ao trabalhador.

Como referimos supra, cabe ao empregador que se queira prevalecer da transferência do local de trabalho nos termos do art. 194.º, n.º 1, al. *b)*, provar a inexistência de prejuízo sério para o trabalhador, nos termos do

[237] Acórdão do STJ, de 12 de fevereiro de 2009, Processo n.º 08S2573, disponível em www.dgsi.pt.

art. 342.º do CC, o que, em face da situação de Ana, divorciada, tendo ao seu cuidado dois filhos gémeos com 4 anos e sendo a única familiar disponível para prestar assistência ao pai, doente com Alzheimer, seria muito difícil de demonstrar.

Em termos procedimentais, sempre teria esta ordem de observar as formalidades do art. 196.º do CT, ou seja:

A) O empregador deve comunicar a transferência ao trabalhador, por escrito, com 30 dias de antecedência, o que não se verificou *in casu*.

B) A comunicação deve ser fundamentada, o que não se verificou, remetendo apenas para uma cláusula de mobilidade nula, pelos motivos expostos.

Por último, sempre teria a ***Corte e Costura, Lda.*** de proceder ao pagamento das despesas resultante da mudança de residência para Lisboa, porquanto a cláusula terceira, n.º 2, do referido contrato que afasta o pagamento de quaisquer despesas de deslocação, alojamento ou mudança de residência é ilícita, em face do n.º 6 do art. 194.º e do art. 3.º, n.º 5, do CT.

Não se verificando os requisitos exigidos para a ordem de transferência, esta é ilícita, podendo Ana desobedecer legitimamente, de acordo com o art. 128.º, al. *e)*, do CT.

Para obter a suspensão desta decisão, Ana deveria instaurar um procedimento cautelar comum, nos termos do art. 32.º do CPT, com aplicação subsidiária do regime dos procedimentos cautelares no processo civil previsto nos arts. 362.º ss. do CPC, no Juízo do Trabalho de Vila Nova de Gaia ou no Juízo do Trabalho do Porto, tendo em conta o domicílio do trabalhador ou a sede do empregador e o lugar de prestação de trabalho, nos termos do art. 14.º do CPT e do art. 126.º e Anexo II da LOSJ.

Em face do exposto supra, a requerimento de Ana até ao encerramento da audiência final, o juiz, na decisão que decrete a providência, pode dispensar o requerente do ónus de propositura da acção principal, desde que a matéria adquirida no procedimento lhe permita formar convicção segura acerca da existência do direito acautelado e a natureza da providência decretada for adequada a realizar a composição definitiva do litígio, sendo que demonstrada ilicitude da ordem de transferência, a mesma seria favorável a Ana.

Questões jurídicas a resolver na alínea b)

Acção declarativa de condenação sob a forma de processo comum

Se, no processo referido na alínea anterior, o juiz não tivesse todos os elementos necessários para formar uma convicção segura acerca da existência do direito acautelado, Ana teria de instaurar uma acção declarativa comum, no prazo de 30 dias, sob pena de caducidade da providência cautelar, nos termos do art. 373.º, n.º 1, al. *a)*, do CPC, para obter uma decisão definitiva sobre a licitude ou ilicitude da ordem de transferência dada pela **Corte e Costura, Lda.**

Nos termos do art. 364.º do CPC, tendo o procedimento cautelar sido requerido antes de proposta a acção, é o procedimento apensado aos autos desta, logo que a acção seja instaurada no Juízo do Trabalho de Vila Nova de Gaia ou no Juízo do Trabalho do Porto, como já explicado *supra.*

Nos termos do art. 48.º, n.º 3, do CPT, o processo comum é subsidiário face aos processos especiais, sendo aplicável nos casos a que não corresponda processo especial.[238]

Nos termos do art. 49.º do CPT, depois de alterado pela Lei n.º 107/2019, de 9 de Setembro, o processo declarativo comum segue a tramitação estabelecida nos arts. 54.º e seguintes, aplicando-se subsidiariamente as disposições do CPC sobre o processo comum de declaração.

O n.º 3 do mesmo art. 49.º do CPT, que permite ao juiz abster-se de *"fixar a base instrutória, sempre que a selecção da matéria de facto controvertida se revestir de manifesta simplicidade"*, também deve ser *"objecto de uma interpretação actualista"*, no sentido de ser dispensado o despacho que fixa o objecto do litígio e os temas da prova, previsto no art. 596.º do CPC, sempre que a selecção da matéria de facto controvertida se revestir de simplicidade.[239]

O legislador, através da Lei n.º 107/2019, de 9 de Setembro, consagrou no n.º 3 do art. 49.º do CPT, a "*interpretação actualista*" já sufragada pela doutrina, no sentido de ser dispensado o despacho que fixa o objecto do

[238] Tal como refere Vasconcelos (2017, p. 78) esta subsidiariedade torna essencial a determinação das situações abrangidas por cada processo especial, já que o processo comum é aplicável às situações que não estejam por estes acauteladas, assumindo particular relevância a aplicação da acção de impugnação de regularidade e licitude do despedimento, prevista nos arts. arts. 98.º-B e ss. do CPT.

[239] Vasconcelos (2017, p. 78).

litígio e os temas da prova, previsto no art. 596.º do CPC, sempre que a enunciação dos temas da prova se revestir de simplicidade.

A acção inicia-se com a apresentação em juízo da Petição Inicial, estando sujeita a despacho liminar, devendo assim o juiz proceder à apreciação da mesma, para, verificando deficiências ou obscuridades, convidar o autor a completá-la ou esclarecê-la, sem prejuízo do seu indeferimento nos termos do disposto no n.º 1 do art. 590.º do CPC.

Estando a acção em condições de prosseguir, o juiz designa uma audiência de partes, a realizar no prazo de 15 dias, sendo o autor notificado e o réu citado para comparecerem pessoalmente ou, em caso de justificada impossibilidade de comparência, se fazerem representar por mandatário judicial com poderes especiais para confessar, desistir ou transigir, nos termos do art. 54.º, n.os 2 e 3 do CPT.

A audiência de partes, nos termos do art. 55.º do CPT, inicia-se com a exposição sucinta pelo autor dos fundamentos de facto e de direito da sua pretensão, devendo o juiz após a resposta do réu, procurar conciliar as partes, nos termos e para os efeitos dos arts. 51.º a 53.º do CPT.[240]

O auto de conciliação deve conter pormenorizadamente os termos do acordo no que diz respeito a prestações, respetivos prazos e lugares de cumprimento, sendo certo que, frustrando-se, total ou parcialmente, a conciliação, ficam consignados no respetivo auto os fundamentos que, no entendimento das partes, justificam a persistência do litígio, nos termos do art. 53.º do CPT.[241]

Frustrada a conciliação, a audiência prossegue, devendo o juiz, nos termos do art. 56.º do CPT, ordenar a notificação imediata do réu para contestar no prazo de 10 dias, determinar a prática dos actos que melhor se ajustem ao fim do processo, bem como as necessárias adaptações, depois de ouvidas as partes presentes e fixar a data da audiência final.

[240] Abílio Neto (2011, p. 149) assinala, com toda a razão, que, na prática, a audiência de partes consubstancia *"uma mera formalidade desprovida de qualquer efeito útil"*, dado que o autor, em vez de expor sucintamente os fundamentos de facto e de direito da sua pretensão, remete para a PI, e o réu para a contestação que vai apresentar, não dispondo o juiz dos elementos necessários para contribuir para as partes alcançarem acordo equitativo.

[241] Nos termos do art. 52.º do CPT, a desistência, a confissão ou a transação efetuadas na audiência de partes não carecem de homologação para produzir efeitos de caso julgado, devendo o juiz certificar-se da capacidade das partes e da legalidade do resultado da conciliação, que expressamente fará constar do auto. O auto de conciliação é título executivo de acordo com o disposto no art. 88.º, al. *b)*, do CPT.

Na contestação, o réu pode deduzir reconvenção, de acordo com art. 30.º do CPT, a qual apresenta desvios face ao regime regra do art. 266.º do CPC, porquanto só é admissível quando o pedido do réu emerge do facto jurídico que serve de fundamento à acção e nos casos referidos na alínea *o)* do n.º 1 do artigo 126.º da Lei n.º 62/2013, de 26 de agosto, desde que, em qualquer dos casos, o valor da causa exceda a alçada do tribunal, bem como defender-se por impugnação e por excepção, de acordo com os arts. 572.º a 574.º do CPC.

Também é na contestação que, nos termos do art. 60.º-A do CPT, o empregador deve opor-se à reintegração do trabalhador, nos termos do art. 392.º do CT.

As partes, nos articulados, indicam os meios de prova de que dispõem e as diligências probatórias que pretendem ver realizadas, de acordo com o art. 63.º, n.º 1, do CPT, com o limite de 10 testemunhas para prova dos fundamentos da acção e da defesa e de mais 10 testemunhas no caso de ser deduzida reconvenção, mantendo-se o limite de três testemunhas por cada facto que se propõe provar, apesar de a atividade probatória se desenrolar, desde o CPC 2013, em torno dos temas da prova[242].

As partes, nos articulados, indicam os meios de prova de que dispõem e as diligências probatórias que pretendem ver realizadas, de acordo com o art. 63.º, n.º 1, do CPT, com o limite de 10 ou 5 testemunhas para prova dos fundamentos da acção e da defesa, consoante a acção seja ou não superior à alçada do tribunal de primeira instância, respectivamente, e de mais 10 testemunhas no caso de ser deduzida reconvenção. O legislador, através da lei n.º 107/2019, de 9 de Setembro, revogou o art. 65.º do CPT referente ao limite de três testemunhas por cada facto, o qual se mostrava inadequado ao desenvolvimento da actividade probatória em torno dos temas da prova.

Será admissível resposta, no prazo de 10 dias, nos termos do art. 60.º do CPT, se o valor da causa exceder a alçada do tribunal e o réu se tiver defendido por excepção, sendo certo que havendo reconvenção, o prazo para a resposta é alargado para 15 dias, ao contrário do previsto no art. 584.º do CPC.

[242] Cfr. Vasconcelos (2017, p. 88), a qual também afirma que devem ser igualmente admitidas as "declarações de parte" (art. 466.º do CPC), em matérias não subtraídas à sua disponibilidade.

Na sequência das alterações introduzidas pela Lei n.º 107/2019, de 9 de setembro, apenas será admissível resposta, no prazo de 10 dias, nos termos do art. 60.º do CPT, se o valor da causa exceder a alçada do tribunal e o réu tiver deduzido reconvenção, mantendo-se o prazo de 15 dias, ao contrário do previsto no art. 584.º do CPC.

De acordo com o novo n.º 5 do art. 60.º do CPT, a parte contrária poderá responder às excepções deduzidas na audiência prévia ou, não havendo lugar a ela, no início da audiência final.

Independentemente do valor da causa pode, igualmente, o autor responder à contestação, no prazo de 10 dias, se o réu tiver usado da faculdade prevista no n.º 4 do art. 398.º do CT.

De acordo com o art. 57.º do CPT, se o réu não contestar, tendo sido ou devendo considerar-se regularmente citado na sua própria pessoa, ou tendo juntado procuração conferida a mandatário judicial no prazo da contestação, consideram-se confessados os factos articulados pelo autor e é logo proferida sentença a julgar a causa conforme for de direito, assim se verificando um efeito cominatório semipleno[243].

Se a causa se revestir de manifesta simplicidade, a sentença pode limitar-se à parte decisória, precedida da identificação das partes e da fundamentação sumária do julgado, sendo certo que se os factos confessados conduzirem à procedência da acção, a fundamentação pode ser feita mediante simples adesão ao alegado pelo autor, de acordo com o art. 57.º, n.º 2, do CPT.

Após a fase dos articulados, o juiz profere despacho saneador, de acordo com os arts. 61.º, n.º 1, do CPT e 595.º do CPC, podendo, se a complexidade da causa assim o justificar, convocar as partes para uma audiência prévia, a realizar no prazo de 20 dias, nos termos do arts. 62.º, n.º 1, do CPT e 591.º ss. do CPC, na qual haverá mais uma tentativa de conciliação.

Quando a acção deva prosseguir, o juiz profere novo despacho destinado a identificar o objeto do litígio e a enunciar os temas da prova, de acordo com o art. 596.º, n.º 1, do CPC, salvo no caso que a enunciação dos temas da prova se revestir de simplicidade, de acordo com o art. 49.º, n.º 3, do CPT.[244].

[243] Cfr. Vasconcelos (2017, p. 78).

[244] Nesse sentido, cfr. Vasconcelos (2017, pp. 87-88).

Antes de dar início à audiência final, o juiz tem a obrigação de promover uma tentativa de conciliação, de acordo com o art. 70.º, n.º 1, do CPT.

A instrução e discussão da causa decorrem na audiência final, a qual, após as alterações introduzidas no art. 68.º , nº 1 do CPT, deve ser realizada perante tribunal singular.[245]

Na sequência das alterações introduzidas pela Lei n.º 107/2019, de 9 de Setembro, a decisão sobre a matéria de facto deve ocorrer na sentença, a proferir no prazo de 30 dias patente no art. 73.º, n.º 1, do CPT,tendo sido revogado o n.º 5 do art. 68.º do CPT.

Tal como referido *supra,* tendo em conta a factualidade descrita e o enquadramento jurídico, Ana teria êxito na condenação da **Corte e Costura, Lda.** a reconhecer a ilicitude da ordem de transferência de local de trabalho dada, no dia 6 de janeiro de 2019.

Sónia de Carvalho
Professora Associada do Dep.º de Direito da Universidade Portucalense Infante D. Henrique, Docente do Instituto Politécnico da Maia – IPMAIA
Advogada[246]

BIBLIOGRAFIA

Amado, João Leal (2014). *Contrato de Trabalho.* 4.ª ed. Coimbra: Coimbra Editora.

Fernandes, António Monteiro (2017). *Direito do Trabalho.* 18.ª ed. Coimbra: Almedina.

Gonçalves, Luísa Andias e Lambelho, Ana (2014). *Manual de Direito do Trabalho – Da teoria à prática.* Coimbra: Coimbra Editora.

Gonçalves, Marco Carvalho (2016). *«Procedimentos cautelares laborais e a articulação com o novo Código de Processo Civil», in O Novo Código de Processo Civil e o Pro-*

[245] Em face do art. 155.º do CPC, já era defensível que a audiência fosse sempre gravada, ainda que o n.º 2 enquanto norma especial estabelecesse que sempre que a decisão admitisse recurso ordinário, qualquer das partes poderia requerer a gravação da audiência ou o tribunal determiná-la oficiosamente. O art.º 68.º, n.º 2 do CPT, na redacção alterada pela Lei n.º 107/2019, de 9 de Setembro, consagra expressamente a gravação da audiência, de acordo com o art. 155.º do CPC.

[246] Doutora em Direito pela FDUC, Investigadora do Instituto Jurídico Portucalense; Advogada; Porto; Portugal; scarvalho@upt.pt.

cesso do Trabalho – Estudos APODIT 2 (coord. Maria do Rosário Palma Ramalho e Teresa Coelho Moreira). Lisboa: AAFDL, pp. 55-83.

Gonçalves, Marco Carvalho (2015). *Providências Cautelares*. Coimbra: Almedina.

Martinez, Pedro Romano (2017). *Direito do Trabalho*. 8.ª ed. Coimbra: Almedina.

Martinez, Pedro Romano, Dray, Guilherme Machado, Silva, Luís Gonçalves da, Vasconcelos, Joana, Monteiro, Luís Miguel, Brito, Pedro Madeira de (2017). *Código do Trabalho – Anotado*. 11.ª ed. Coimbra: Almedina.

Martins, Alcides (2015). *Direito do Processo Laboral*. 2.ª ed. Coimbra: Coimbra Editora.

Neto, Abílio (2011). *Código de Processo do Trabalho Anotado*. 5.ª Ed., 2011, Lisboa: Ediforum.

Pereira, Albertina (2014). «O impacto do Código de Processo Civil no Código de Processo do Trabalho (alguns aspectos)». *O NOVO PROCESSO CIVIL – Caderno IV, IMPACTOS DO NOVO CPC NO PROCESSO DO TRABALHO Caderno IV – O Novo Processo Civil – Impactos do Novo CPC no Processo do Trabalho* (ebook) (2014). 2.ª ed. Lisboa: CEJ, disponível em: http://www.cej.mj.pt/cej/recursos/ebooks/processocivil/Caderno_IV_Novo%20_Processo_Civil_2edicao.pdf

Pinheiro, Paulo Sousa (2014). *Curso Breve de Direito Processual do Trabalho*. 2.ª ed. Coimbra: Coimbra Editora.

Pinheiro, Paulo Sousa (2016-I). *A inversão do contencioso nos procedimentos cautelares laborais*. Prontuário de Direito do Trabalho, pp. 175-205.

Ramalho, Maria do Rosário Palma (2016). *Tratado de Direito do Trabalho, Parte II – Situações Laborais Individuais*. 6.ª ed. Coimbra: Almedina.

Vasconcelos, Joana (2017). *Direito Processual do Trabalho. Universidade Católica.*

Vicente, Joana Nunes (2006). *Cláusulas de mobilidade geográfica: vias de controlo possível. Questões Laborais, n.º 27*, pp. 61-90.

Xavier, Lobo (2014). *Manual de Direito do Trabalho*. 2.ª ed. Revista e Actualizada. Lisboa: Verbo.

Impugnação Judicial da Regularidade e Licitude do Despedimento

António e Bernardo foram contratados a 2 de janeiro de 2015 pelo Hospital das Doenças para desempenharem as funções de técnico administrativo no atendimento permanente.

Bernardo apercebeu-se que António, sempre que se deslocavam às instalações hospitalares os seus familiares a amigos, procedia à anulação das consultas, apesar das mesmas serem realizadas, e que, desta forma, aqueles não pagavam as mesmas.

Bernardo confrontou António com tais factos e este, ato contínuo, agarrou Bernardo pelos colarinhos, encostou-o à parede, desferiu-lhe um murro e disse-lhe que não admitia aquele tipo de acusações. Disse-lhe ainda que quando acabassem o turno se podiam encontrar à porta do hospital para resolver o assunto.

A diretora de recursos humanos, que estava a passar no local naquele momento, decidiu instaurar um processo disciplinar a António, que culminou com o seu despedimento, porquanto, considerou o Hospital que, "no caso concreto, nenhuma medida conservatória ou corretiva serviria ou seria adequada para a prevenção de situações similares, atendendo a que, no entendimento de um "bónus pater familias" e segundo critérios de objetividade e razoabilidade, com o seu comportamento, o Trabalhador criou, legitimamente, no espírito da Entidade Empregadora a constante e permanente dúvida sobre a idoneidade futura da sua conduta, o que, por si só, tornou

imediata e totalmente impossível a manutenção da relação laboral entre as partes.".

a) António foi notificado da decisão do procedimento disciplinar e do seu despedimento no passado dia 4 de fevereiro de 2019. No dia 4 de maio, intentou ação de impugnação judicial onde requer que seja reconhecida a ilicitude do seu despedimento. Qui iuris?

b) Imagine agora que, regularmente notificado para a audiência de partes, António não compareceu e não justificou a sua falta. Quid iuris?

c) A decisão final do processo de impugnação judicial da regularidade e licitude do despedimento vem a acontecer 18 meses depois de entrada a ação. Que direitos tem António?

ENQUADRAMENTO DA FACTUALIDADE

Identificação dos problemas jurídicos a resolver

Na factualidade descrita identificamos a problemática da ação de impugnação judicial da regularidade e licitude do despedimento.

CARACATERIZAÇÃO DO INSTITUTO

A ação de impugnação judicial da regularidade e licitude do despedimento[247] é um processo especial nos termos do disposto nos arts. 48.º, n.os 2 e 3 e 98.º-B do CPT e tem natureza urgente[248], cfr. art. 26.º, n.º 1, al. *a)* do CPT.

Este meio processual pode ser utlizado para a impugnação do despedimento quer por causa subjetiva, como é caso do despedimento com fundamento imputável ao trabalhador, atento o disposto no art. 351.º e ss. CT, quer por causa objetiva, i.e., nas situações de despedimento por extinção do posto de trabalho, cfr. art. 367.º e ss. do CT, e despedimento por inadaptação, cfr. art. 373.º e ss. do CT.

[247] É uma espécie autónoma de ação, cfr. art. 24.º CPT.

[248] Atento o disposto no art. 156.º, n.º 3, do CPC, *ex vi* do art. 1.º CPT, os despachos são proferidos no prazo máximo de dois dias.

O trabalhador pode lançar mão deste expediente desde que o despedimento seja 1) individual; 2) comunicado por escrito[249] e 3) o contrato de trabalho seja incontroverso.

O trabalhador dispõe do prazo de 60 dias[250] para impugnar o despedimento, contados a partir da receção da comunicação de despedimento ou da data de cessação do contrato, se posterior, cfr. arts. 387.º, n.º 2[251], do CT e 98.º-C, n.º 1, do CPT, sem quaisquer descontinuidades temporais, nos termos do disposto no art. 279.º do CC.

O processo inicia-se com a apresentação, em suporte de papel ou em formato eletrónico, no tribunal do formulário próprio[252], aprovado pela Portaria n.º 1460-C/2009, de 31 de dezembro – e atento o disposto nos arts. 98.º-C e 98.º-D do CPT.

No referido formulário apenas tem de ser indicada a identificação do trabalhador – nome, morada, Cartão do Cidadão, NIF, função/categoria –; data do despedimento, identificação da entidade empregadora e deve ser anexada a decisão do despedimento[253].

O formulário pode ser entregue em papel, ou por via eletrónica, i.e., via CITIUS. A ser remetido via CITIUS o mesmo só o pode ser feito por advogados. Tenha-se em atenção que a constituição de mandatário, no âmbito do instituto em análise, só é obrigatória após a audiência de

[249] Cfr. arts. 387.º, n.º 2, do CT, 98.º-C, n.º 1, e 98.º-E, al. *c)* do CPT. Tenha-se ainda em atenção a exposição de motivos do diploma "(...) cria-se agora no direito adjetivo uma ação declarativa de condenação com processo especial, de natureza urgente, que admite recurso para a Relação, para impugnação judicial da regularidade e licitude do despedimento, sempre que **seja comunicada por escrito** ao trabalhador a decisão de despedimento individual.", sublinhado nosso. A doutrina tem suscitado questões de inconstitucionalidade deste normativo. *Vide*, por todos, Silveira (2011, p. 83 e ss.).

[250] Este é um prazo de caducidade. Para mais desenvolvimento, *vide*, por todos, Martins (2018, p.180). *Vide* ainda a este propósito, o acórdão do Tribunal Constitucional n.º 366/2014, que considerou que o prazo de 60 dias, quando em confronto com o prazo de impugnação do despedimento coletivo é constitucional, porquanto não "(...) advém lesão para os princípios da igualdade e do acesso ao direito (...)". Sendo este um prazo de caducidade, são abrangidos por tal declaração todos os efeitos da ilicitude, como se reconhece no proc. 426/12 de 27.06.2016 do TRP. Os demais créditos emergentes do contrato de trabalho, da sua violação ou cessão podem ser exigidos em sede de processo comum, no prazo de um ano, atento o disposto no art. 337.º, n.º 1, do CT.

[251] Para mais desenvolvimentos, *vide* o acórdão do Tribunal Constitucional n.º 366/2014.

[252] Cfr. acórdão RP de 25.02.2013, proc. 411/12, e RL de 26.09.2012, proc. 22/12.

[253] *Vide* a este propósito as críticas formuladas ao conteúdo do formulário, Pinheiro (2014, p. 160).

partes, com a apresentação dos articulados, atento o disposto no art. 98.º- B CPT.

O valor da causa é fixado pelo juiz a final tendo em conta a utilidade económica do pedido, designadamente o valor da indemnização, créditos e salários que tenham sido reconhecidos, cfr. art. 98.º-P, n.º 2, do CPT.

Uma vez recebido o requerimento, a secretaria pode recusar a sua receção, com os fundamentos constantes do art. 98.º-E do CPT. Desta decisão cabe reclamação para o juiz, cfr. arts. 161.º, n.º 5, e 475.º do CPC.

No nosso caso, António deveria ter intentado a presente ação no prazo de 60 dias. Não o tendo sido feito, caducou o seu direito.

TRAMITAÇÃO

Uma vez recebido o sobredito formulário, o juiz designa dia para a realização da audiência de partes, a realizar no prazo de 15 dias, cfr. art. 98.º-F, n.º 1, do CPT – para a qual é notificado o trabalhador e citado o empregador que devem comparecer pessoalmente ou, em caso de justificada impossibilidade de comparência, se fazerem representar por mandatário judicial com poderes especiais para confessar, transigir ou desistir, cfr. art.º 98.º-F, n.º 2, do CPT.

Regularmente notificado, caso o trabalhador não compareça na audiência de partes, prescreve o art. 98.º-H do CPT que, caso a falta não seja justificada no prazo de 10 dias, ou o mesmo não se faça representar por advogado, o juiz determina a absolvição do pedido. Caso a falta seja justificada, proceder-se-á à marcação de nova data para a realização da audiência de partes. Caso o trabalhador não compareça na nova data agendada, é ordenada a notificação do empregador e agendada data para a audiência final, caso a nova falta seja considerada justificada ou, não o sendo, o juiz determina a absolvição do pedido.

Retomando a análise do nosso caso, o facto do trabalhador, regularmente notificado, ter faltado injustificadamente teria como consequência a absolvição do pedido.

Caso a falta seja da entidade empregadora e esta não se faça representar, o juiz ordena a sua notificação para, no prazo de 15 dias, apresentar articulado para motivar o despedimento, juntar aos autos o procedimento disciplinar ou os documentos comprovativos do cumprimento das formalidades exigidas, apresentar o rol de testemunhas e requerer quaisquer outras provas, além de designar de imediato o dia da audiência final, atento o disposto no art. 98-G do CPT.

De referir ainda a este propósito que, caso a falta da entidade empregadora à audiência de partes seja considerada injustificada, a entidade empregadora fica sujeita às regras da litigância de má fé previstas no art. 542.º e ss. do CPC.

Verificando-se a circunstância de todos estarem presentes, o empregador, depois de declarada aberta a audiência, expõe sinteticamente os fundamentos que motivaram o despedimento, sendo de seguida conferida, atento o princípio do contraditório, a possibilidade ao trabalhador de responder às alegações da entidade empregadora, cfr. art. 98.º-I, n.os 1 e 2, 1ª parte, do CPT.

O juiz tentará proceder à conciliação das partes, atento o disposto no art. 98.º-I, n.º 2, do CPT e, caso a mesma se frustre, ou 1) designa data para a audiência de discussão e julgamento e notifica o empregador para, no prazo de 15 dias, apresentar articulado motivador do despedimento, juntar aos autos o procedimento disciplinar ou os documentos comprovativos do cumprimento das formalidades exigidas, apresentar o rol de testemunhas e requerer quaisquer outras provas ou 2) caso se verifique que à pretensão do trabalhador é aplicável outra forma de processo, o juiz abstém-se de conhecer do pedido, absolve da instância o empregador e informa o trabalhador do prazo que este dispõe para intentar ação com processo comum.

O articulado motivador do despedimento para além de conter os factos e os fundamentos que levaram a entidade empregadora a promover o despedimento do trabalhador, deve ainda de conter, caso seja esta a opção da entidade empregadora, os fundamentos e factos que obstem à reintegração do trabalhador, sendo que em relação a estes terá a mesma de apresentar meios de prova, desconhecendo, grande parte das vezes, se essa é ou não a opção do trabalhador.

Coloca-se-nos a questão de saber se é ou não admissível neste articulado a entidade empregadora deduzir contra o trabalhador pedido reconvencional. A este propósito veja-se que há um entendimento doutrinário que considera que tal é possível, nomeadamente por questões de economia processual e verificados os requisitos do disposto nos arts. 30.º e 60.º do CPT, cabendo ao juiz, atento o seu poder de gestão processual, a decisão da sua admissibilidade ou não, e há quem entenda que não, pelo facto de tal possibilidade não se encontrar expressamente prevista no art. 30.º[254] do CPT, até porque não se encontra depois previsto articulado de resposta do trabalhador ao eventual pedido reconvencional.

Por seu turno, uma vez apresentado o articulado motivador do despedimento, o trabalhador é notificado para, no prazo de 15 dias, contestar, atento o disposto no art. 98.º-L, n.º 1, do CPT, e pode o trabalhador defender-se por exceção e apresentar reconvenção, nomeadamente, com o objetivo de peticionar créditos emergentes do contrato de trabalho, da sua violação ou da sua cessação, independentemente do valor da ação[255], ou requerer a atribuição de indemnização por todos os danos causados pelo despedimento. Caso tenha sido apresentado pedido reconvencional, o empregador pode responder no prazo de 15 dias.

Caso o empregador não apresente o articulado motivador do despedimento[256] ou não junte os documentos comprovativos das formalidades exigidas, atento o disposto no art.º 98.º-J, n.º 3, do CPT[257], o juiz declara a ilicitude do despedimento do trabalhador e condena o empregador a reintegrar o trabalhador ou, caso este tenha optado por indemnização em substituição da reintegração, a pagar, no mínimo, uma indemnização correspondente a 30 dias de retribuição base e diuturnidades por cada ano completo ou fração de antiguidade, sendo que o juiz está impedido de atribuir indemnização inferior a três meses de retribuição base e diuturnidades, cfr. art.º 391.º, n.ºs 2 e 3, do CPT.

Caso a não apresentação de articulado seja imputada ao trabalhador consideram-se confessados os factos articulados pelo empregador, sendo de imediato proferida sentença a julgar a causa conforme for de direito.

O CT, no seu art. 386.º, consagra a possibilidade de o trabalhador requerer a suspensão preventiva do despedimento e pode fazê-lo no prazo

[254] *Vide* para mais desenvolvimentos, Martins (2018, p. 189) em sentido favorável e Reis e Ravara (2012), Silveira (2011, p. 82), em sentido desfavorável.

[255] A este propósito, *vide,* para mais desenvolvimentos, Silveira (2011, p. 92).

[256] Neste caso pode existir dificuldade na fixação de matéria de facto, face à ausência da mesma nos autos, o que poderá levar o juiz, antes de proferir decisão, a convidar o trabalhador a alegar os factos que traduzam a sua antiguidade e retribuição, cfr. Fialho (2012, p. 148).

[257] O ónus de junção do procedimento disciplinar recai sobre este – *vide* neste sentido, acórdão. RE de 26.06.2013, proc. 707/12, e implica a remessa aos autos de todo o procedimento disciplinar completo e sequencial, com inclusão do procedimento prévio de inquérito, cfr. acórdão TRE de 03.07.2014, proc. 187/13.

de 5 dias úteis a contar da receção da comunicação de despedimento, intentando, para o efeito, uma providência cautelar nos termos do disposto nos arts. 34.º a 40.º do CPT.

Tenha-se em atenção, que atento o disposto no art. 33.º, n.º 3 do CPT não é admissível a figura da inversão do contencioso.

De referir que a interposição da providência cautelar dispensa o trabalhador da apresentação do sobredito formulário consagrado no art. 98.º-C, n.º 1, do CPT, desde que no requerimento inicial faça menção expressa de que é sua intenção impugnar a regularidade e a licitude do despedimento.

A ser assim, o juiz, antes da realização da audiência final da providência cautelar, determina o agendamento da audiência de partes, tal como já tivemos oportunidade de analisar.

Impõe-se uma referência ao pagamento de retribuições intercalares pelo Estado, previsto nos arts. 98.º-N e 98.º-O do CPT. O Estado poderá ser chamado a pagar as retribuições devidas após o decurso do referido período de 12 meses até ao dia da notificação da sentença que decrete a ilicitude do despedimento.

Retomando a análise do nosso caso prático, António teria direito a esta retribuição intercalar.

CONCLUSÃO

Relativamente às questões concretamente colocadas, sinteticamente, dir-se-á o seguinte:

a) *António dispunha do prazo de 60 dias para impugnar o despedimento contados a partir da receção da comunicação de despedimento ou da data de cessação do contrato, se posterior, atento o disposto no art. 98.º-C, n.º 1, do CPT.*

b) *António, atento o disposto no art. 98.º-H do CPT, caso falte e não justifique a sua falta, nem se faça representar por advogado, o juiz determina a absolvição do pedido.*

c) *António tem direito à retribuição intercalar do Estado, atento o disposto nos arts. 98.º-N e 98.º-O do CPT.*

JORGE BARROS MENDES

Advogado e Prof. Adjunto da ESTG – Instituto Politécnico de Leiria

BIBLIOGRAFIA

ALMEIDA, José Eusébio (2010). «A nova acção de impugnação judicial da regularidade e licitude do despedimento», in *Prontuário de Direito do Trabalho*, n.º 85, CEJ/Coimbra Editora, pp. 97-121.

QUINTAS, Hélder (2010). «A nova acção de impugnação judicial da regularidade e licitude do despedimento», in *Prontuário de Direito do Trabalho*, n.º 86, CEJ/Coimbra Editora, pp. 135-173.

MARECOS, Diogo Vaz (2009). «A nova ação de impugnação do despedimento», *in BOA*, n.º 56, pp. 40-41.

MARTINS, Alcides (2018). *Direito do Processo Laboral – uma síntese e algumas questões*. 2.ª edição. Coimbra: Almedina.

PINHEIRO, Paulo Sousa (2014). *Curso breve de direito processual do trabalho*. 2.ª edição. Coimbra: Coimbra Editora.

REIS, Viriato e RAVARA, Diogo. «A ação especial de impugnação da regularidade e licitude do despedimento – aspetos práticos», in *Prontuário de Direito do Trabalho*, n.º 91/92, pp. 173-220.

SILVEIRA, Susana Cristina Mendes Santos Martins da. «A nova acção de impugnação judicial da regularidade e licitude do despedimento», in *Julgar*, n.º 15, pp. 83-99.

ÍNDICE